Objectif COLLÈGE

Tout l'Anglais
Oral et écrit

CD audio inclus
Dialogues des BD + Vocabulaire

Daniel GUIMBERTEAU
Certifié d'anglais

Hello, Delta. Pleased to meet you.

She's got nice blue eyes, but she hasn't got a long tail.

hachette
ÉDUCATION

Tout l'Anglais

Mode d'emploi du cahier et du CD — 4

Leçons	Vocabulaire et expression / Grammaire	Pages du cahier	Pistes du CD
1 Who are you?	Se présenter – La famille / Pronoms personnels sujets – *To be* – Les adjectifs possessifs	6 à 9	1 à 5
2 There's a cat on the roof!	La maison / Les noms communs – Les articles – *There is, there are*	10 à 13	6 à 10
3 Julia's hamster	Les animaux familiers / Exprimer la possession : *have got* – le génitif	14 à 17	11 à 14
4 Benny doesn't like history	L'école / Dire que l'on aime ou que l'on n'aime pas quelque chose – Le présent simple	18 à 21	15 à 19
5 Can girls play tennis?	Les sports / *Can / can't* – L'impératif	22 à 25	20 à 24
6 The girl with big blue eyes	Le corps humain – Les vêtements / Les adjectifs	26 à 29	25 à 29
7 Is there any fish?	La nourriture / *Some, any, no* et leurs composés – Les pronoms personnels compléments	30 à 33	30 à 34
8 Benny never works on Sundays	Le temps / Dire l'heure – Les adverbes de fréquence	34 à 37	35 à 40
9 Dad's cooking!	Parler, discuter / Le présent en *be + -ing*	38 à 41	41 à 44
10 You must ride carefully	Les loisirs / *Must / mustn't* – Les pronoms possessifs	42 à 45	45 à 48

© Hachette Livre 2011, 43 quai de Grenelle, 75905 Paris cedex 15.
ISBN 978-2-01-160257-2

www.hachette-education.com

Tous droits de traduction, de reproduction et d'adaptation réservés pour tous pays.

Conception graphique
Maquette de couverture : Karine Nayé
Maquette d'intérieur : Karine Nayé
Illustrations de couverture et d'intérieur : Princess H
Réalisation PAO : SG Production

CD audio
Enregistrement : Studio Vincent Bund

Leçons	Vocabulaire et expression Grammaire	Pages du cahier	Pistes du CD
11 Those where the days!	La télévision Le prétérit de *be*	46 à 49	49 à 54
12 I went there two days ago!	La ville Le prétérit des autres verbes – Le prétérit + *ago*	50 à 53	55 à 59
13 Go and play outside!	L'informatique et Internet Les principales prépositions de lieu	54 à 57	60 à 64
14 On the tube	Le métro Les expressions du futur	58 à 61	65 à 68
15 How much can you give?	Les nombres / l'argent / la monnaie anglaise *How much* et *How many*	62 à 65	69 à 74
16 It's warmer in Italy!	Les vacances d'été Les comparatifs – Le superlatif de supériorité	66 à 69	75 à 79
17 What happened, Dad?	Les accidents et les services d'urgence Le prétérit avec *be* + V-*ing* – Les questions en *wh-*	70 à 73	80 à 84
18 Happy birthday, Mum!	Un grand magasin Exprimer des conseils et des suggestions	74 à 77	85 à 89
19 Photos are not allowed!	Les musées Le prétérit de *have* – Les périphrases modales	78 à 81	90 à 94
20 Daddy looked cool!	La famille élargie Les pronoms relatifs	82 à 85	95 à 98

Lexique anglais-français et français-anglais	86
Liste des principaux verbes irréguliers	91
Tous les corrigés des exercices	92

Découvre comment utiliser « Tout l'Angla[is] »

Un cahier et un CD audio pour apprendre l'Anglais à l'écrit et à l'oral !

• Les **vingt leçons** de cet ouvrage te proposent l'essentiel du **vocabulaire** et les **notions de grammaire** au **programme** de 6e et de 5e.

• Un **lexique** du vocabulaire de base anglais/français et français/anglais et la liste des **principaux verbes irréguliers** complètent les leçons.

• Chaque leçon occupe **deux doubles pages** : elle commence par une **BD** et te propose ensuite des encadrés **Vocabulaire** et **Grammaire** complétés d'**exercices** pour t'entraîner.

• Tous les **corrigés des exercices** sont regroupés en fin d'ouvrage, pages 92 à 96.

Comment utiliser ton CD

• Sur ton CD, tu trouveras les **enregistrements** des dialogues de la BD, des encadrés Vocabulaire et Grammaire ainsi que le texte des exercices à faire à l'oral.

• Le symbole *Écoute et répète* Piste 4 ou *Écoute* Piste 10 te signale quand tu dois écouter ton CD et te précise à chaque fois le numéro de la piste.

• Parfois, tu peux te contenter d'**écouter** mais parfois tu dois aussi **répéter** ce que tu as entendu. Il y a alors un blanc après les paroles que tu dois répéter. N'hésite pas à écouter et répéter plusieurs fois le même mot.

• Une petite musique (jingle) t'annonce la fin de chaque piste.

Il est très important de travailler avec ton CD : écoute les textes avant de les lire et, quand tu les lis, souviens-toi de ce que tu as entendu. En effet, en anglais, on n'écrit pas les mots comme on les prononce ! Apprends le vocabulaire par cœur et répète les mots et les expressions plusieurs fois. Tu acquerras ainsi une bonne maîtrise de la langue et un bon accent !

« et 5ᵉ » pour en tirer le meilleur profit !

La leçon et le vocabulaire

Notions de grammaire traitées dans la leçon

Numéro et titre de la leçon avec sa traduction

Numéro de la piste de la BD à écouter sur ton CD audio.

BD qui met en scène Benny, Julia et leur famille. Regarde-la en écoutant ton CD.

Traduction des textes de la BD.

Exercice de compréhension de la BD.

Le vocabulaire et les expressions correspondant au thème principal de la leçon. Les mots à écouter sur ton CD sont repérés par le symbole.

Numéro de la piste à écouter sur ton CD audio.

1 à 3 exercices de compréhension et d'utilisation du vocabulaire pour lesquels tu devras parfois écouter ton CD.

La grammaire et les exercices d'entraînement

Numéro de la piste à écouter sur ton CD audio.

Les règles de grammaire à retenir avec des exemples. Les exemples à écouter sur ton CD sont repérés par le symbole.

2 à 3 exercices de compréhension et d'application des règles pour lesquels tu devras parfois écouter ton CD.

Des exercices d'entraînement qui associent le vocabulaire et la grammaire que tu as étudiés dans les pages précédentes. Tu devras parfois écouter ton CD audio pour les réaliser.

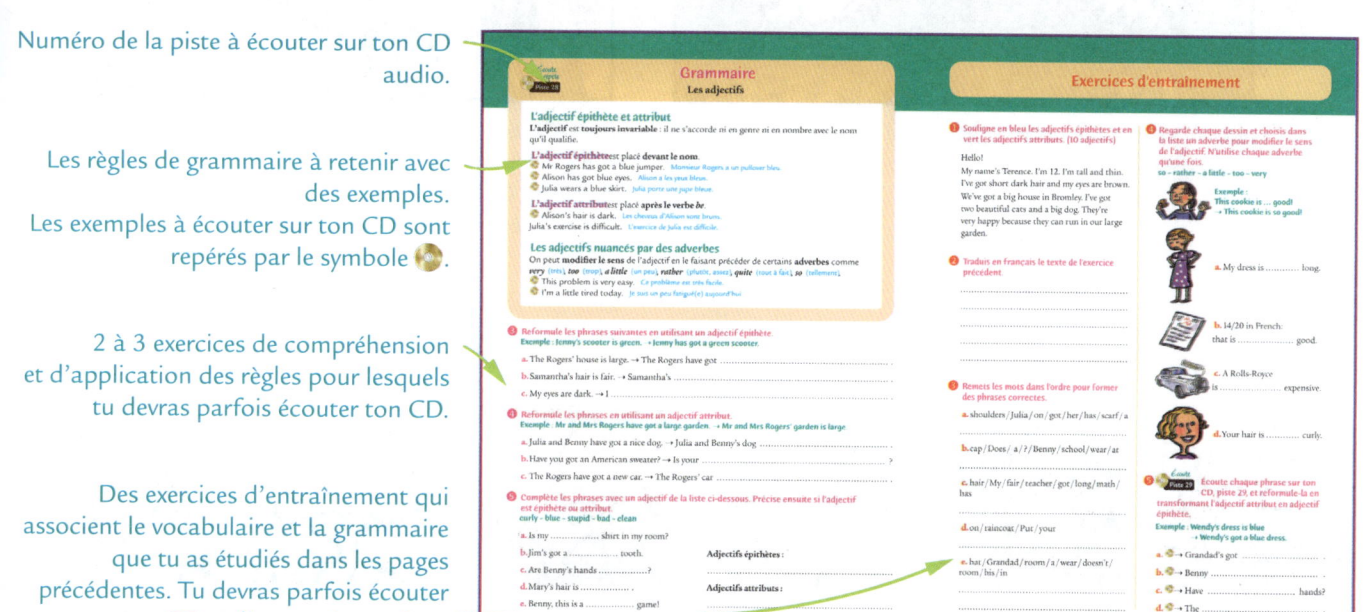

1 Who are you?

Pronoms personnels sujets – To be – Les adjectifs posse

Qui es-tu ?

Viens découvrir notre famille !

Écoute Piste 1

> Hello, my name's Benny, and this is my sister. Her name's Julia.
>
> Hello, how are you?

Benny — Bonjour, je m'appelle Benny, et voici ma sœur, Julia.
Julia — Bonjour, comment allez-vous ?

> This is my father, and that's my mother.
>
> Hello, I'm Patsy.
>
> And I'm Sandy.

Julia — Voici mon père, et voilà ma mère.
Mrs Rogers — Hello, je suis Patsy.
Mr Rogers — Et, moi Sandy.

> This is Gyp, our dog. He's very nice!
>
> Come and say hello, Gyp.
>
> Ouaff !

Julia — Voici Gyp, notre chien. Il est très gentil ! Viens dire bonjour, Gyp.
Gyp — Ouaff !

> But, where are your brother and your grandfather?
>
> Oh, here they are!
>
> Hello, grandad!
>
> Oh... hello!

Mrs Rogers — Mais où sont ton frère et ton grand-père ?
Julia — Oh, ils sont là !
Bonjour, Grand-père !
Grand-père — Oh... Bonjour !

❶ Réécoute la scène sur le CD, piste 1, et écris le nom du personnage sous chaque dessin.

a.  .... b.  .... c.  .... d.  .... e.  .... f. ....

6

Vocabulaire et expressions

To introduce oneself : se présenter / Family : la famille

Se présenter

What's your name? Comment t'appelles-tu ?
— My name's Benny. — Je m'appelle Benny.
Excuse me, who are you? Excuse-moi, qui es-tu ?
— I'm Julia. — Je suis Julia.

La famille

Who's that boy? Qui est ce garçon ?
— He's Benny, my brother. — C'est Benny, mon frère.
Who's that girl? Qui est cette fille ?
— She's Julia, my sister. — C'est Julia, ma sœur.
Who are they? Qui sont-ils ?
— They're Sandy and Patsy, my parents. — Ce sont Sandy et Patsy, mes parents.
Is he your grandfather? Est-ce ton grand-père ?
— Yes, he is. — Oui.
This is Mrs Rogers, and her children, Julia and Benny. Voici Mrs Rogers et ses enfants, Julia et Benny.
Excuse me, where are my son and my daughter? Excusez-moi, où sont mon fils et ma fille ?
— They're in the garden. — Ils sont dans le jardin.

❷ Julia envoie des photos à sa correspondante américaine, Tracy. Complète les phrases avec les mots suivants.
father – house – mother – brother – parents

Hello, Tracy!

Look, this is our .... It's very big!

That boy is Benny; he's my ....

Look, they're my .... : Sandy and Patsy.

Sandy is my .... and Patsy is my .... They're very nice!

Julia

> Hello! This is our new house. It's beautiful!

❸ Écoute le CD, piste 3, et indique de qui parle chaque personne.

a. Hello, I'm Julia, and this is my father. ....
b. This is my dog. He's very nice! ....
c. Benny, is your sister in the garden? ....
d. Dad, is my sister at the cinema? ....
e. Patsy, where's Dad? ....

Grammaire

Les pronoms personnels sujets / Les adjectifs possessifs
Le verbe *be* au présent

Écoute et répète — Piste 4

Il existe **trois genres** en anglais : le masculin, le féminin, et le neutre que l'on utilise pour les choses ou les animaux non familiers.

Les pronoms personnels sujets

I	you	he	she	it	we	you	they
je	tu	il (humain)	elle (humain)	il, elle (neutre)	nous	vous	ils, elles

Les adjectifs possessifs

En anglais l'**adjectif possessif s'accorde avec le possesseur**.

my	your	his	her	its	our	your	their
mon, ma, mes	ton, ta, tes	(possesseur masculin) son, sa, ses	(possesseur féminin) son, sa, ses	(possesseur non humain) son, sa, ses	notre, nos	votre, vos	leur, leurs

- I like your cat. I like your cats.   J'aime ton (votre) chat. J'aime tes (vos) chats.
- This is our house.   C'est notre maison.   This is their garden.   C'est leur jardin.
- They are her parents.   Ce sont ses parents (ceux d'une fille).
- They are his parents.   Ce sont ses parents (ceux d'un garçon).

Le verbe *be* (être) au présent

Les formes affirmative et négative de *be* peuvent être contractées à certaines personnes. Les formes contractées sont indiquées ici entre parenthèses.

Forme affirmative : sujet + verbe					
I am (I'm)	you are (you're)	he is (he's) she is (she's) it is (it's)	we are (we're)	you are (you're)	they are (they're)

Forme interrogative : verbe + sujet + ?					
am I?	are you?	is he? / is she? / is it?	are we?	are you?	are they?

Forme négative : sujet + verbe + not					
I am not (I'm not)	you are not (you aren't/ you're not)	he is not / she is not / it is not (he – she - it isn't / he – she – it's not)	we are not (we aren't / we're not)	you are not (you aren't / you're not)	they are not (they aren't / they're not)

4 Remplace les noms en gras par le pronom personnel équivalent et conjugue le verbe *be* à la personne qui convient.

a. **Mr Brown (be)** my father. → .... my father.

b. **Benny and Julia (be)** brother and sister. → .... brother and sister.

c. **Mrs Rogers (be)** my mother. → .... my mother.

d. **The car (be)** in the garden. → .... in the garden.

Exercices d'entraînement

1 **Remets les mots dans le bon ordre pour former des phrases.**

a. sister / Julia / is / my / This
....

b. name / what / Hello! / 's / your / ?
....

c. are / parents / your / Who / ?
....

d. not / Julia and Benny / school / are / at
....

e. my / Gyp / 's / That / dog / ,
....

2 **Complète les phrases suivantes par l'adjectif possessif qui convient : la personne dessinée est celle qui parle.**

a. Good morning, …… name's Julia.

b. — Hey, You! This is …… book!
— Oops, sorry! Here is …… book.

c. …… grandfather is in the garden.

d. This is my father, and that's …… car.

e. Where's Julia? Is this …… book?

3 **Complète chaque phrase avec *their* (adjectif possessif) ou *they're* (pronom personnel + *are*).**

a. Gyp is ………… dog.

b. Is this ………… garden?

c. ………… at the cinema.

d. Look! ………… my parents.

e. ………… car is in the garage.

4 **Complète les phrases avec le verbe *be* à la forme correcte.**
Exemple : Who …… this? → Who is (who's) this?

a. Hello, I …… Benny! What …… your name?

b. Cynthia! Where …… your parents?
They …… at the cinema.

c. …… your car in the garage, Dad?

d. Grandad! …… Mummy and Daddy in the living-room?
No, they ………… in the house. They …… in the garden.

5 *Écoute* **Piste 5** Écoute le CD piste 5 et, en t'aidant des encadrés Vocabulaire et Grammaire, écris les phrases que tu entends.

a. ....
....

b. ....
....

c. ....
....

d. ....
....

e. ....
....

2. There's a cat on the roof!

Il y a un chat sur le toit !

Je te fais visiter notre nouvelle maison !

Les noms communs – Les articles – There is, there

Écoute – Piste 6

Julia — Bonjour ! C'est notre nouvelle maison. Elle est belle !
Au rez-de-chaussée, il y a la salle à manger, un grand salon et la cuisine.

> Hello! This is our new house. It's beautiful!
> On the ground floor, there's the dining-room, a big living-room and the kitchen.

Julia — Ma chambre est au premier étage. Elle n'est pas très grande, mais elle est très jolie. Regarde ! Je suis à la fenêtre.

> My bedroom is on the first floor. It isn't very big, but it's very nice.
> Look! I'm at the window.

Benny — Je suis dans le jardin. Il est beau et il y a des fleurs partout.
Mais, regarde ! Il y a un chat sur le toit !

> I'm in the garden. It's beautiful, and there are flowers everywhere!
> But look! There's a cat on the roof!

Benny — En ce moment, Papa est dans son bureau, Maman est dans la salle de bains… et Grand-Père est dans le salon : il y a un match de football à la télévision.

> At the moment, Dad is in his study, Mum is in the bathroom
> … and Grandad is in the living-room: there's a football match on television.

❶ RIGHT or WRONG? Réécoute la piste 6 de ton CD et regarde ta BD, puis entoure **R** si l'affirmation est vraie, **W** si elle est fausse.

a. Grandad is in the garden. ……………………………………………………………………… R   W

b. There are flowers in the garden. ……………………………………………………………… R   W

c. The study is on the ground floor. …………………………………………………………… R   W

d. There's a cat on the roof. …………………………………………………………………… R   W

e. There's a television in the living-room. ……………………………………………………… R   W

Vocabulaire et expressions
My house : ma maison

Les parties de la maison
the dining-room la salle à manger
the kitchen la cuisine
the roof le toit
the study le bureau
the floor le sol

the living-room le salon
the hall l'entrée
the attic le grenier
a door une porte
the ceiling le plafond

the bedroom la chambre
the bathroom la salle de bains
the cellar la cave
a gate un portail
the staircase l'escalier

Le mobilier
a bed un lit
a computer un ordinateur
big grand

a table une table
a desk un bureau
small petit

a chair une chaise

beautiful beau

Quelques expressions
At home À la maison
On the ground floor Au rez-de-chaussée   On the first floor Au premier étage
Julia's in her room. Julia est dans sa chambre.   We're in the garden. Nous sommes dans le jardin.
Where's the car? It's in the garage. Où est la voiture ? Elle est dans le garage.
Are Mr and Mrs Rogers in their bedroom? M. et Mme Rogers sont-ils dans leur chambre ?
— No, they're in the garden. Non, ils sont dans le jardin.

---

❷ Cynthia, l'amie de Julia, décrit sa maison à son tour, mais les mots sont dans le désordre. Remets-les dans l'ordre pour faire cinq phrases correctes.

a. house / big / is / My ……………………………………………………………………………

b. the / three / are / bedrooms / floor / There / first / on ……………………………………

c. your / ? / bedroom / television / there / a / Is / in …………………………………………

d. dog / our / There / 's / garden / a / in ……………………………………………………………

---

❸ Piste 8 Complète les phrases ci-dessous après les avoir écoutées sur le CD, piste 8. Aide-toi des mots de l'encadré Vocabulaire.

a. There are four ……………… in the ………………

b. Is there ……………………………… ……………… in your house?

c. Mummy's in ……………… ………………

d. There's a ……………… dog in the ………………

e. ……………… ……………… isn't on ……………… ………………; it's in ……………… ………………

Grammaire

Les noms communs et les articles – *There is / There are*

Les noms communs

En anglais, les noms communs sont soit **masculins** soit **féminins** pour **les personnes et les animaux familiers**. Ils sont **neutres** pour **les choses et les animaux non familiers**.
Mr Rogers, Benny et Gyp sont du genre masculin.
Mrs Rogers et Julia sont du genre féminin.
A house, a flower, an elephant sont du genre neutre.
Les noms communs font leur **pluriel** comme en français, en **ajoutant un –s** à la fin du mot.
one flower → two flowers (une fleur → deux fleurs)
Parfois, il faut ajouter **–es** à certains mots pour faire leur pluriel.
one match → two matches (un match → deux matchs)

Les articles

L'article indéfini *a, an, ø* (article zéro) : un, une, des

— Au **singulier** masculin, féminin et neutre, l'article indéfini est *a* devant un **mot commençant par une consonne** ou un **h aspiré** et *an* devant un **mot commençant par une voyelle** ou un **h muet.**
There's a girl in the garden. Il y a une fille dans le jardin. There's a boy in the kitchen. Il y a un garçon dans la cuisine. Is there a cat on the roof? Y a-t-il un chat sur le toit ?

Tom is an actor and Rose is an actress. Tom est un acteur et Rose est une actrice.
Gyp is an animal. Gyp est un animal.
— Au **pluriel** masculin, féminin et neutre, c'est **l'article ø**, c'est-à-dire l'**article zéro**.
There are girls and boys in the garden. Il y a des filles et des garçons dans le jardin.
There are animals at the zoo. Il y a des animaux au zoo.

L'article défini *the* : le, la, les

The s'emploie au singulier et au pluriel devant des mots masculins, féminins ou neutres.
Il s'utilise devant un nom qui désigne une personne ou une chose que l'on a bien identifiée.
I like dogs. J'aime les chiens. (En général). The dog in the garden is Gyp. Le chien dans le jardin est Gyp.

There is / There are : il y a

On emploie *there is* (+ nom singulier) ou *there are* (+ nom pluriel) pour énumérer un ou plusieurs objets, ou personnes.
There is a car in the garage. Il y a une voiture dans le garage.
There are three beds in this room. Il y a trois lits dans cette chambre.
Attention ! Ne confonds pas *there* (pour construire *there is* et *there are*), *their* (adjectif possessif), et *they're* (contraction de *they are*) : leur prononciation est presque identique.

---

4 Complète les phrases avec *a, an,* ou *ø*.

a. Mum, there's ……… good film at the cinema.

b. There are ……… flowers in our garden.

c. Is there ……… attic in your house?

d. Gyp is ……… good dog.

5 Complète les phrases avec *there is* ou *there are*.

a. ……………… a car in the garage.

b. ……………… a computer on the desk.

c. ……………… flowers in my garden.

d. ……………… two beds in your room.

Exercices d'entraînement

1 *Écoute* **Piste 10** Écoute le CD, piste 10 et entoure les mots que tu as entendus.

cellar   door   dining-room   hall

chair   study   television   computer

garden   attic

2 Réécris les noms de l'exercice 1 en les faisant précéder de l'article *a* ou *an*.

……………………………………………………………

……………………………………………………………

……………………………………………………………

3 Complète les phrases avec l'article indéfini *a*, *an*, *ø* ou avec l'article défini *the*.

a. Benny! Is your math book in ……… living-room?

b. Gyp and Julia are in ……… attic.

c. There's ……… staircase in our house.

d. There are ……… flowers in my vase.

e. There's ……… elephant in the zoo.

4 Réécris les phrases au pluriel.
Exemple : *There is a rat in the attic.*
→ *There are rats in the attic.*

a. There is a flower in the vase.

………………………………………………………

b. The cat is in the garden.

………………………………………………………

c. Is there a girl in your school?

………………………………………………………

d. The computer isn't in the living-room.

………………………………………………………

5 Complète les phrases avec *there is* ou *there are*.
Exemple : (1 flower) → *There is a flower in the vase.*

a. (2 cats) → ……………… two cats in the garden.

b. (1 girl) → ……………… a girl in the staircase.

c. (0 cellar) → ……………… a cellar in this house.

d. (3 bedrooms) → ……………… three bedrooms in your house?

6 Complète les phrases suivantes avec *there*, *they're* ou *their*.

a. Is ………… a dog in the garden?

b. Look! This is Mr and Mrs Rogers, and this is ………… car.

c. Where are Julia and Benny?
— ………… at school.

d. ………… isn't a tennis match on television now.

e. This is Julia, and that's Benny. ………… brother and sister.

7 Écris quatre phrases pour décrire ta maison ou ton appartement. Aide-toi de l'encadré Vocabulaire.
Exemple : *There is a table in the dining room.*

a. There are ……………………… in the kitchen.

b. There ……………………………… study.

c. ……………………………………… bedroom.

d. ………………………………………………

13

3 Julia's hamster
Le hamster de Julia

Exprimer la possession : have got – le gén.

Gyp a une nouvelle amie !

Écoute Piste 11

Julia — Regarde, Benny ! J'ai un nouveau hamster ! C'est une femelle. Elle s'appelle Delta.

Benny — Salut Delta. Content de te connaître. Elle a de beaux yeux bleus, mais elle n'a pas une longue queue.

Julia — Regarde Gyp ! Tu as une nouvelle amie. Elle s'appelle Delta.

Benny — C'est bon, Gyp. Ne sois pas stupide ! Ce n'est pas un rat. C'est le hamster de Julia !

❶ RIGHT or WRONG? Réécoute la piste 11 de ton CD et regarde ta BD, puis entoure R si l'affirmation est vraie, W si elle est fausse.

a. Benny's got a new hamster. .... R W

b. Delta's eyes are blue. .... R W

c. Julia's hamster has got a long tail. .... R W

d. Gyp's got a new friend now. .... R W

Vocabulaire et expressions

Piste 12 — Écoute et répète

Pets : les animaux familiers

Les principaux animaux familiers

a dog un chien
a Guinea pig un cochon d'Inde
a goldfish un poisson rouge
a parrot un perroquet
an eye, two eyes un œil, deux yeux

a cat un chat
a bird un oiseau
a rabbit un lapin
a paw une patte
an ear une oreille

a hamster un hamster
a rat un rat
a horse un cheval
a tail une queue
the mouth la gueule

Quelques expressions

You've got blue eyes. Tu as les yeux bleus.
The rat's got a long tail. Le rat a une longue queue.
Is this a guinea pig? Est-ce que c'est un cochon d'Inde ?
— No, it isnt. It's a hamster. — Non, c'est un hamster.
Have you got a dog? As-tu un chien ?
— No, I haven't, but I've got two cats — Non, mais j'ai deux chats.
Are they Jenny's birds? Est-ce que ce sont les oiseaux de Jenny ?
— No, they aren't; they're her sister's. Non, ce sont ceux de sa sœur.

---

❷ Regarde les dessins et complète les phrases comme dans l'exemple.

Exemple :  It's Julia's ………. → It's Julia's hamster.

a. They're Cynthia's ……………………………

b. It's the children's ……………………………

c. It's Benny's ……………………………

d. They're Jane's ……………………………

❸ Traduis les phrases que tu as obtenues à l'exercice précédent.

Exemple : It's Julia's hamster.
→ C'est le hamster de Julia.

a. ……………………………
b. ……………………………
c. ……………………………
d. ……………………………

❹ Légende le dessin du chien. Aide-toi des mots de l'encadré Vocabulaire.

Grammaire
Exprimer la possession : *have got* et le génitif

Have got
On emploie *have got* pour dire que l'on **possède quelque chose**. *Have got* est formé de l'**auxiliaire** *have* et de *got*.
I have got a dog. J'ai un chien.

Forme affirmative
I have (I've) got — You have (You've) got — He has (He's) got, She has (She's) got,
It has (It's) got — We have (We've) got — You have (You've) got — They have (They've) got
La **forme contractée** s'emploie souvent à l'**oral** et à l'**écrit** dans la **langue de tous les jours**.
Attention : *'s* est la même contraction pour *has* et *is*.
- He's got a new car. (He has got a new car). Il a une nouvelle voiture.
- He's Tom. (He is Tom). C'est Tom.

Forme interrogative
Pour poser une question, on change l'ordre des mots : **Have** + sujet + *got* + **?**
- Have you got a new car? As-tu une nouvelle voiture ? Has she got a cat? A-t-elle un chat ?
What have you got in your hand? Qu'est-ce que tu as dans la main ?
Who's got a goldfish? Qui a un poisson rouge ?

Forme négative
I haven't got — You haven't got — He hasn't got, She hasn't got, It hasn't got —
We haven't got — You haven't got — They haven't got
- Delta hasn't got a long tail. Delta n'a pas une longue queue.
- We haven't got a rabbit. Nous n'avons pas de lapin.

Le génitif
Le génitif s'emploie pour indiquer la possession. Le **possesseur** doit être une **personne** ou un **animal familier**. On le forme en **ajoutant** *'s* **au nom du possesseur**.
- Julia's hamster. Le hamster de Julia. My father's car. La voiture de mon père.
Si le possesseur est un **nom pluriel** terminé par un *s*, on forme le génitif en ajoutant simplement *'*.
- The Rogers' car. La voiture des Rogers. The girls' room. La chambre des filles.

Whose
Whose est un pronom interrogatif qui sert à demander à qui appartient quelque chose. Il est suivi directement d'un nom.
- Whose horse is this? À qui est ce cheval ? Whose birds are they? À qui sont ces oiseaux ?

---

❺ Complète les phrases suivantes avec *have* ou *has*.

a. What ……… you got in your bag?

b. Benny ……… got a computer in his room.

c. ……… Julia and Benny got a bike?

d. Grandad ……… not got a car.

❻ Forme un génitif avec les éléments suivants. Cherche bien qui est le possesseur.

a. car / my mother ………………………

b. horse / Jack ………………………

c. the girls / birds ………………………

d. house / The Browns ………………………

Exercices d'entraînement

1 Complète les phrases avec *have got* ou *has got* à la forme demandée.
⊕ affirmative ⊖ négative ❓ interrogative

a. Julia .... a car. ⊖

b. Her parents .... horses. ⊕

c. We .... a nice dog. ⊕

d. Delta .... a long tail. ⊖

e. .... you .... a cat? ❓

f. I .... a parrot. ⊖

2 Pose la question correspondant au groupe de mots en gras en utilisant le pronom interrogatif *who* ou *what*.
Exemple : Julia's got a **PlayStation**.
→ What has Julia got?

a. The Rogers have got **a big garden**.
.... ?

b. Cynthia's got **a goldfish**.
.... ?

c. **I**'ve got a sister and a brother.
.... ?

d. They've got **a small house** in London.
.... ?

3 Réécris la phrase en remplaçant l'apostrophe ' par *is* ou *has*.
Exemple : Julia's got a pet. → Julia has got a pet.

a. She's got a goldfish.
....

b. Mrs Brown's at the supermarket.
....

c. My house's got a big garden.
....

d. Delta's a nice hamster.
....

4 Construis un génitif à partir des phrases comme dans l'exemple, quand c'est possible.
Exemple : Tommy has got a car. → It's Tommy's car.

a. Julia has got a dog.
....

b. Cynthia has got cats.
....

c. Our parents have got a parrot.
....

d. My friends have got birds.
....

e. My house has got a garage.
....

5 Écoute
Piste 14 Écoute ton CD piste 14 et, en fonction du sens de la phrase, décide si tu as entendu *whose* ou *who's* et écris-le.
🔘 Écoute l'exemple. → Who's.

🔘 a. ....   🔘 b. ....

🔘 c. ....   🔘 d. ....

6 Réécoute le dialogue de la BD piste 11 et réponds aux questions en faisant des phrases.

a. Whose hamster is it?
....

b. What's her name?
....

c. What has Delta got?
....

d. Has she got a long tail or a short tail?
....

e. What has Gyp got now?
....

17

4 Benny doesn't like history

Dire que l'on aime ou que l'on n'aime pas quelque chose – Le présent sin

Benny n'aime pas l'histoire

Benny et l'école...

Écoute Piste 15

Mr Rogers — I've got your school report here, Benny. What's that C in history?

Mr Rogers — J'ai ici ton bulletin scolaire, Benny. Qu'est-ce que c'est que ce C en histoire ?

Benny — I don't like history, Dad. I think it's boring. I prefer sports. I want to be a professional footballer.

Benny – Je n'aime pas l'histoire, Papa. Je pense que c'est ennuyant. Je préfère le sport. Je veux être footballeur professionnel.

Mr Rogers — Really? Do you play football at school?

Mr Rogers — Vraiment ? Tu joues au football à l'école ?

Benny — No, the sports teacher doesn't like football, but I learn on the computer!

Benny — Non, le professeur de sport n'aime pas le football, mais j'apprends sur l'ordinateur !

❶ **RIGHT or WRONG?** Réécoute la piste 15 de ton CD et regarde ta BD, puis entoure R si l'affirmation est vraie, W si elle est fausse.

a. Benny's got a good mark in history. .... R W

b. Benny doesn't like history. .... R W

c. Benny thinks football is boring. .... R W

d. Benny plays football at school. .... R W

Vocabulaire et expressions

At school : à l'école / To like : aimer

L'école

the school l'école
a mark une note
a pen un stylo
people les personnes
a pupil un(e) élève
a child un enfant

a classroom une salle de classe
a school-report un bulletin scolaire
a book un livre
the headmaster le directeur
a teacher un(e) professeur
children des enfants

a playground une cour de récréation
homework les devoirs
a bag un sac
the headmistress la directrice
a lesson un cours

Les matières scolaires

school subjects les matières scolaires
Mathematics (Maths) les mathématiques
Geography la géographie
Spanish l'espagnol

Sports le sport
Chemistry la chimie
History l'histoire
French le français

Physics la physique
English l'anglais
German l'allemand

Travailler à l'école

to think penser
to learn apprendre
to write écrire
to speak parler

to know savoir, connaître
to listen to écouter
to study étudier
to chatter bavarder

to work travailler
to read lire
to count compter

Exprimer ce que l'on aime ou que l'on n'aime pas

to like aimer
to hate détester

to love adorer
to prefer préférer

Quelques expressions

To be good at être bon en
Julia learns her lessons in her room. Julia apprend ses leçons dans sa chambre.
I don't like physics; I prefer chemistry. Je n'aime pas la physique ; je préfère la chimie.
Do you chatter in class? Tu bavardes en classe ?
Teachers like good pupils! Les professeurs aiment les bons élèves !

---

❷ Indique à côté de chaque symbole le nom de la matière qui lui correspond.

a. .... b. .... c. ....
d. .... e. .... f. ....

❸ Ecoute ton CD, piste 17, et complète les phrases suivantes.

a. Julia enjoys .... lessons.
b. The .... likes good ....
c. Benny doesn't .... history.
d. The .... play in the ....

Grammaire
Le présent simple

Emploi du présent simple
On utilise le présent simple :
— Pour exprimer ses **goûts**, ce que **l'on aime**, ce que **l'on n'aime pas**.
🔊 I like French, but I hate Spanish. J'aime le français, mais je déteste l'espagnol.
— Pour dire des **vérités générales**, ce que l'on **fait régulièrement**, où l'on habite, etc.
🔊 Dad works in London. Papa travaille à Londres.
Grandad works in the garden on Sundays. Grand-père travaille au jardin le dimanche.

Formation du présent simple
Le présent simple se forme avec la **base verbale du verbe (l'infinitif sans *to*)**.

Forme affirmative
— Aux **1re et 2e personnes du singulier** et à **toutes les personnes du pluriel**, on emploie le **verbe à la base verbale seule**.
— À la **3e personne du singulier**, on **ajoute -s au verbe** ou **-es** pour les **verbes** comme *do* et *go*.
🔊 I speak English. Je parle anglais. She speaks German. Elle parle allemand.
🔊 She likes flowers. Elle aime les fleurs. She goes to school. Elle va à l'école.

Forme négative
— La forme négative se construit avec l'**auxiliaire *do*** : sujet + ***do not*** ou ***does not*** + base verbale.
— On utilise ***do not*** aux **1re et 2e personnes du singulier** et à **toutes les personnes du pluriel** ; ***does not*** à la **3e personne du singulier**.
— La forme contractée de ***do not*** est ***don't*** ; celle de ***does not*** est ***doesn't***.
🔊 We don't go to school in London. Nous n'allons pas à l'école à Londres.
🔊 Grandad doesn't watch TV in the kitchen. Grand-père ne regarde pas la télé dans la cuisine.

Forme interrogative
— Elle se construit aussi avec l'**auxiliaire *do*** : *do* ou *does* + sujet + **base verbale**.
— On utilise *do* aux **1re et 2e personnes du singulier** et à **toutes les personnes du pluriel** ; *does* à la **3e personne du singulier**.
🔊 Do you like your new French teacher? Aimes-tu ton (Aimez-vous votre) nouveau professeur de français ?
🔊 Does Mr Rogers work in London? Est-ce que Mr Rogers travaille à Londres ?

---

❹ Construis des phrases au présent simple en utilisant les sujets et les verbes proposés.
Exemple : .... geography. (I/hate) → I hate geography.

a. .... football. (Grandad/like)

b. .... in London. (Mr and Mrs Brown/not/live)

c. .... your new school? (you/like)

d. .... her maths lessons. (Cynthia/enjoy)

e. .... tennis? (Mr and Mrs Rogers/play)

Exercices d'entraînement

❶ Benny parle de la vie à l'école, mais les mots sont dans le désordre. Remets-les dans l'ordre pour faire cinq phrases correctes.

a. Canterbury / school / to / in / I / go
....

b. friends / play / I / with / playground / the / in / my
....

c. play / Julia / boys / doesn't / to / with / like
....

d. enjoys / Cynthia / lessons / chemistry
....

e. teacher / like / French / I / my
....

❷ Complète les expressions et les phrases suivantes avec un mot de la liste.
teacher – homework – classroom – French – playground – write

a. At school, you study in the ....
and you play in the ....

b. Pupils listen to the ....

c. After school, you do your ....

d. You .... with a pen.

e. *Le Malade imaginaire* is a .... book.

❸ Complète les phrases avec un verbe de la liste. N'oublie pas de le conjuguer.
read – chatter – do – go – play – listen

a. We .... to the teacher.

b. .... Julia .... with Cynthia?

c. He .... his homework in his room.

d. Julia and Cynthia .... poems to their French teacher.

e. You .... to school by bus

f. .... Benny .... football with his friends?

❹ Réécris les phrases suivantes à la forme demandée sans changer le sujet.
Exemple : We like our new French teacher.
Interrogative → **Do we like our new French teacher?**

a. Benny enjoys the gym lessons. Négative →
....

b. Do you know Julia's history teacher?
Affirmative → ....
....

c. Does Benny like his classroom? Négative →
....

d. The Rogers don't live in London.
Interrogative → ....
....

e. Julia doesn't chatter in class. Affirmative →
....

❺ Écoute Piste 19 Écris les phrases que tu entends sur le CD, piste 19.

a. ....

b. ....

c. ....

d. ....

e. ....

5 Can girls play tennis?

Les filles savent-elles jouer au tennis ?

Le plus doué en sport !

Écoute — Piste 20

Julia — Benny, j'ai une nouvelle raquette de tennis. Faisons une partie maintenant.

Benny — Non, Julia, va-t'en ; je suis occupé. De toutes manières, les filles ne savent pas jouer au tennis.

Mrs Rogers — Les enfants ! Vous pouvez venir une minute ?

Mrs Rogers — Regardez le journal. Cynthia est la nouvelle championne de tennis de son école !
Benny — Oups !

Can / Can't – L'impér...

❶ **RIGHT or WRONG?** Réécoute la piste 20 de ton CD et regarde ta BD, puis entoure R si l'affirmation est vraie, W si elle est fausse.

a. Julia wants to play tennis with Benny. .... R   W

b. Benny thinks girls are good at tennis. .... R   W

c. Cynthia can't play tennis very well. .... R   W

d. Benny feels stupid. .... R   W

22

Vocabulaire et expressions
Sports : les sports

Les sportifs et l'équipement
a player un joueur
a game une partie / un jeu
a swimming-pool une piscine
a net un filet
a coach un entraîneur
a pitch un terrain
a gym un gymnase
a team une équipe
a stadium un stade
a tennis-court un court de tennis

Les différents sports
horse-riding l'équitation
boxing la boxe
skiing le ski
ice-skating le patin à glace
soccer / football le football
swimming la natation
athletics l'athlétisme
roller-skating le roller
fencing l'escrime
sailing la voile
table-tennis le tennis de table

Les pratiques
to play jouer
to cycle faire du vélo
to swim nager
to practise / to train s'entraîner
to run courir
to ride monter à cheval
to win gagner
to score a goal marquer un but
to walk marcher
to ski skier
to lose perdre

Quelques expressions
Let's have a game of golf. Faisons une partie de golf.
My brother can swim very fast. Mon frère sait nager très vite.
I love skiing. J'adore le ski.
Can you play table-tennis? Sais-tu jouer au tennis de table ?
England's got a very good rugby team. L'Angleterre a une très bonne équipe de rugby.
The coach is angry with the player. L'entraîneur est en colère contre le joueur.

❷ Regarde les dessins et décris ce que savent faire les personnages.

Exemple : He can swim.
a. She can .... 
b. He can .... 
c. They can .... 
d. She can .... 
e. They can .... 

❸ Relie d'une flèche les termes de chaque ligne qui vont ensemble.

a. a net   b. a swimming-pool   c. athletics   d. a pitch   e. horse-riding
1. to run   2. to play soccer   3. to swim   4. to ride   5. to play tennis

Grammaire
Can / Can't – L'impératif

Can / Can't
Can est la **forme affirmative** et **can't** est la **forme négative**.

Emploi de *can* et *can't*
On utilise **can** ou **can't** pour exprimer :
— Ce que l'on est **capable ou incapable de faire**.
- Cynthia can ride a horse. Cynthia sait monter à cheval.
- I can't read that book; it's in German! Je ne peux pas lire ce livre ; il est en allemand !

— Ce qu'on a **le droit ou non de faire**.
- Can I use your badminton racket? Est-ce que je peux utiliser ta raquette de badminton ?

I'm sorry, you can't park here. Je regrette, vous ne pouvez pas stationner ici.

— Un **événement probable ou improbable**.

Don't drive too fast; it can be dangerous! Ne conduis pas si vite ; ça peut être dangereux !
She can't win the race; she's too slow. Il est impossible qu'elle gagne la course. Elle est trop lente.

Construction avec *can* et *can't*
Can est un auxiliaire modal : il est suivi de la base verbale du verbe (infinitif sans *to*).
Il garde les **mêmes formes** (*can/can't*) à **toutes les personnes** du singulier et du pluriel.
- You can do it! Tu peux le faire ! We can do it! Nous pouvons le faire !

À la forme interrogative : *Can* + sujet + base verbale.
- Can I play, please? Est-ce que je peux jouer, s'il vous plaît ?

Can they come to my house? Peuvent-ils venir à la maison ?

L'impératif
En anglais, comme en français, l'impératif sert **à exprimer un ordre**.

Deuxième personne du singulier et du pluriel		Première personne du pluriel	
Forme affirmative : base verbale	Forme négative : don't + base verbale	Forme affirmative : let's + base verbale	Forme négative : let's not + base verbale
Listen to your coach. Écoute ton entraîneur.	Don't play with the net, please. Ne joue pas avec le filet, s'il te plaît.	Let's have a game of golf! Faisons une partie de golf!	Let's not stop! Ne nous arrêtons pas !

---

❹ Forme des phrases pour parler de ce que chaque personne sait faire (☺) ou non (☹).
Exemple : Cynthia / ride (☺) → Cynthia can ride.

a. Julia / play tennis ☺. ....
b. My grandmother / swim ☹. ....
c. His parents / ride a bicycle ☺. ....
d. You / ski ☺ ? ....

Exercices d'entraînement

1 **Remets les mots dans l'ordre pour former des phrases correctes.**

a. badminton / play / Julia / today / can't

....

b. swimming-pool / now / go / Don't / the / to

....

c. Tom's / Can / ride / ? / horse / I

....

d. the / Let's / match / to / go

....

e. at / today / Julia / gym / the / train / can't

....

2 **Choisis l'expression correcte en anglais pour exprimer la situation décrite en français. Coche la case correspondante.**

a. Mr Rogers ne sait pas monter à cheval.
1. ☐ Mr Rogers hasn't got a horse.
2. ☐ Mr Rogers can't ride a horse.
3. ☐ Mr Rogers hates horse-riding.

b. Mrs Rogers demande à Julia de ne pas aller à l'école en courant.
1. ☐ Don't run to school!
2. ☐ Let's run to school.
3. ☐ You can run to school.

c. Benny demande à son grand-père s'il sait nager.
1. ☐ Can you go to the swimming-pool?
2. ☐ Can you swim?
3. ☐ Do you like swimming?

3 **Complète les phrases avec un verbe de la liste ci-dessous.**

don't ride – let's go – let's watch – take

a. There's a football match on television;
.... it.

b. Benny! .... your football boots to your room.

c. .... that horse; it is too nervous.

d. Children! Are you ready now?
Ok, ... now.

4 **Écoute** *Piste 23* **Écoute ton CD, piste 23, et complète les phrases suivantes.**
Une série de pointillés = 1 mot.

a. Benny and Julia .... play table-tennis very well.

b. We .... very good at badminton.
.... today!

c. I love ...., but I .... very fast.

d. The .... is on the .... with the children.

e. Mr Rogers and Grandad are in the ....
They .... watch a good match today.

5 **Écoute** *Piste 24* **Écoute les situations décrites sur ton CD, piste 24.**
Pour chacune d'elle, coche la phrase correspondante en français.

a. 1. ☐ Benny est malade.
   2. ☐ Benny est puni.
   3. ☐ Benny ne sait pas jouer au football.

b. 1. ☐ Le papa de Benny ne court pas très vite.
   2. ☐ Le papa de Benny peut courir aujourd'hui.
   3. ☐ Le papa de Benny court très vite.

c. 1. ☐ Benny n'est pas autorisé à jouer le match aujourd'hui.
   2. ☐ Benny n'a pas de match aujourd'hui.
   3. ☐ Benny peut jouer le match.

6 The girl with big blue eyes

La fille aux grands yeux bleus

Julia a une correspondante américaine.

Écoute Piste 25

> I've got a photo of Alison, my new American penfriend.
>
> She's pretty. She's got big blue eyes and long dark hair.

Julia — J'ai une photo d'Alison, ma nouvelle correspondante américaine. Elle est mignonne. Elle a de grands yeux bleus et de longs cheveux bruns.

> Hmm, she's not bad, but her jeans are too short and her sweater is too large.

Benny — Humm, elle n'est pas mal, mais son jean est trop court et son sweat-shirt est trop grand.

> Oh, Benny, don't be stupid! Young people dress like that in America.

Julia — Oh, Benny, ne sois pas bête ! Les jeunes s'habillent comme ça en Amérique.

> Do they? Well, look at Dad: I'm sure his jumper is American!

Benny – Ah bon ? Alors, regarde Papa : je suis sûr que son pull est américain !

❶ **RIGHT or WRONG?** Réécoute la piste 25 de ton CD et regarde ta BD, puis entoure R si l'affirmation est vraie, W si elle est fausse.

a. Alison has got a photo of Julia. .... R W

b. Alison has got short dark hair. .... R W

c. Alison's sweater is long. .... R W

d. Benny thinks his dad's jumper is American. .... R W

Vocabulaire et expressions

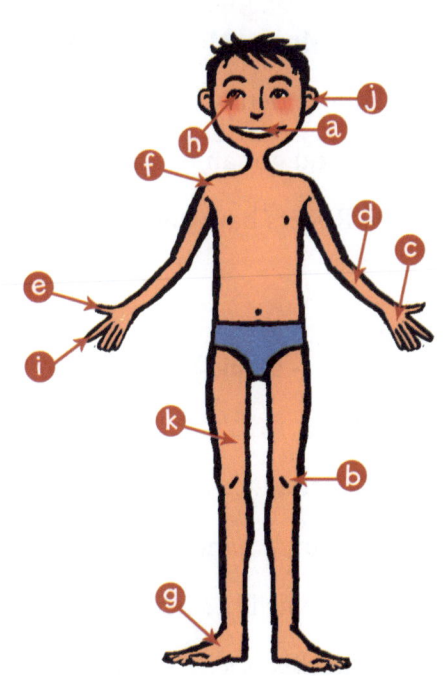

Écoute et répète — Piste 26

The human body : le corps humain / Clothes : les vêtements

La tête
- the head   la tête
- the face   le visage
- an eye   un œil
- the nose   le nez
- the mouth   la bouche
- a tooth   une dent
- teeth   des dents
- hair (collectif)   les cheveux
- an ear   une oreille
- a beard   une barbe

Le corps
- the back   le dos
- an arm   un bras
- a shoulder   une épaule
- a hand   une main
- a finger   un doigt
- the thumb   le pouce
- a foot   un pied
- feet   des pieds
- a knee   un genou
- a leg   une jambe
- the tummy   le ventre
- big   grand, gros
- tall   grand (de taille)
- small   petit
- large   grand
- thin   mince

Les vêtements
- clothes   les vêtements
- a shirt   une chemise
- a sweatshirt   un sweat
- trousers   un pantalon
- a coat   un manteau
- a raincoat   un imperméable
- a hat   un chapeau
- a cap   une casquette
- a scarf   une écharpe / un foulard
- gloves   des gants
- a shoe   une chaussure
- a pocket   une poche
- a dress   une robe
- a skirt   une jupe
- to dress   s'habiller
- to wear   porter (un vêtement)
- to put on   mettre (un vêtement)

Quelques expressions
- Alison's got big, blue eyes.   Alison a de grands yeux bleus.
- Geoff's got a black beard.   Geoff a une barbe noire.
- Benny hasn't got clean hands.   Benny n'a pas les mains propres.
- I've got a bad back!   J'ai mal au dos !
- Samantha's got long, fair hair.   Samantha a de longs cheveux blonds.
- The children have got dirty shoes.   Les enfants ont des chaussures sales.
- Mary's got curly hair.   Mary a les cheveux bouclés.

---

❷ *Écoute — Piste 27*   Écoute ton CD, piste 27, et regarde le dessin. Écris ensuite le nom de chaque partie du corps à côté de sa lettre.

a. .... b. ....

c. .... d. ....

e. .... f. ....

g. .... h. ....

i. .... j. ....

k. ....

Grammaire
Les adjectifs

L'adjectif épithète et attribut
L'adjectif est **toujours invariable** : il ne s'accorde ni en genre ni en nombre avec le nom qu'il qualifie.

L'adjectif épithète est placé **devant le nom**.
- Mr Rogers has got a blue jumper. Monsieur Rogers a un pullover bleu.
- Alison has got blue eyes. Alison a les yeux bleus.
- Julia wears a blue skirt. Julia porte une jupe bleue.

L'adjectif attribut est placé **après le verbe** *be*.
- Alison's hair is dark. Les cheveux d'Alison sont bruns.
- Julia's exercise is difficult. L'exercice de Julia est difficile.

Les adjectifs nuancés par des adverbes
On peut **modifier le sens** de l'adjectif en le faisant précéder de certains **adverbes** comme *very* (très), *too* (trop), *a little* (un peu), *rather* (plutôt, assez), *quite* (tout à fait), *so* (tellement).
- This problem is very easy. Ce problème est très facile.
- I'm a little tired today. Je suis un peu fatigué(e) aujourd'hui.

---

❸ Reformule les phrases suivantes en utilisant un adjectif épithète.
Exemple : Jenny's scooter is green. → Jenny has got a green scooter.

a. The Rogers' house is large. → The Rogers have got ………………………………………………… .

b. Samantha's hair is fair. → Samantha's …………………………………………………

c. My eyes are dark. → I …………………………………………………

❹ Reformule les phrases en utilisant un adjectif attribut.
Exemple : Mr and Mrs Rogers have got a large garden. → Mr and Mrs Rogers' garden is large.

a. Julia and Benny have got a nice dog. → Julia and Benny's dog ………………………………………………… .

b. Have you got an American sweater? → Is your ………………………………………………… ?

c. The Rogers have got a new car. → The Rogers' car ………………………………………………… .

❺ Complète les phrases avec un adjectif de la liste ci-dessous. Précise ensuite si l'adjectif est épithète ou attribut.
curly – blue – stupid – bad – clean

a. Is my ……………… shirt in my room?

b. Jim's got a ……………… tooth.

Adjectifs épithètes :

c. Are Benny's hands ………………?

………………………………………………

d. Mary's hair is ……………… .

Adjectifs attributs :

e. Benny, this is a ……………… game!

………………………………………………

Exercices d'entraînement

1 **Souligne en bleu les adjectifs épithètes et en vert les adjectifs attributs. (10 adjectifs)**

Hello!
My name's Terence. I'm 12. I'm tall and thin. I've got short dark hair and my eyes are brown. We've got a big house in Bromley. I've got two beautiful cats and a big dog. They're very happy because they can run in our large garden.

2 **Traduis en français le texte de l'exercice précédent.**

....
....
....
....
....

3 **Remets les mots dans l'ordre pour former des phrases correctes.**

a. shoulders / Julia / on / got / her / has / scarf / a

....

b. cap / Does / a / ? / Benny / school / wear / at

....

c. hair / My / fair / teacher / got / long / math / has

....

d. on / raincoat / Put / your

....

e. hat / Grandad / room / a / wear / doesn't / room / his / in

....
....

4 **Regarde chaque dessin et choisis dans la liste un adverbe pour modifier le sens de l'adjectif. N'utilise chaque adverbe qu'une fois.**

so – rather – a little – too – very

Exemple :
This cookie is … good!
→ This cookie is so good!

a. My dress is ………… long.

b. 14/20 in French: that is ………… good.

c. A Rolls-Royce is ………… expensive.

d. Your hair is ………… curly.

5 **Piste 29** Écoute chaque phrase sur ton CD, piste 29, et reformule-la en transformant l'adjectif attribut en adjectif épithète.

Exemple : Wendy's dress is blue
→ Wendy's got a blue dress.

a. → Grandad's got ………………… .

b. → Benny ………………… .

c. → Have ………………… hands?

d. → The ………………… .

7 Is there any fish?

Some, any, no et leurs composés – Les pronoms personnels complém[ents]

Y a-t-il du poisson ?

Qu'y a-t-il pour le déjeuner ?

Écoute Piste 30

> Julia, there's some fish in the deep freeze. Can you put it in the microwave?

Mrs Rogers — Julia, il y a du poisson au congélateur. Peux-tu le mettre au micro-ondes ?

> Sorry, Mum, there's some meat, some vegetables, but there isn't any fish in the deep freeze.

Julia — Désolée, Maman, il y a de la viande, des légumes, mais il n'y a pas de poisson dans le congélateur.

> Hello everybody! What's for lunch?
> I'm starving. Is there any fish?

Mr Rogers — Bonjour tout le monde ! Qu'est-ce qu'il y a pour le déjeuner ? Je meurs de faim. Est-ce qu'il y a du poisson ?

> Well …

Mrs Rogers et Julia — Et bien…

❶ **RIGHT OR WRONG?** Réécoute la piste 30 de ton CD et regarde ta BD, puis entoure R si l'affirmation est vraie, W si elle est fausse.

a. Mrs Rogers thinks there's some fish in the microwave. .... R W

b. Julia can see some fish in the deep freeze. .... R W

c. Mr Rogers is very hungry. .... R W

d. Mr Rogers likes fish. .... R W

e. Mrs Rogers and Julia feel stupid. .... R W

Vocabulaire et expressions
Food : la nourriture

Les aliments

bread du pain   fish du poisson   meat de la viande   beef du bœuf
veal du veau   mutton du mouton   ham du jambon   sausage de la saucisse
a pie une tourte   soup de la soupe   an egg un œuf   vegetables des légumes
baked beans des haricots blancs à la sauce tomate
chips des frites   cheese du fromage   butter du beurre   salt sel
pepper poivre   a cake un gâteau   sugar du sucre   marmalade de la confiture d'oranges
ice-cream une glace   coffee du café   tea du thé   jam de la confiture
milk du lait   water de l'eau   wine du vin   beer de la bière
orange juice du jus d'orange   a sweet un bonbon

Les repas

meals les repas   to eat manger   to drink boire
breakfast le petit-déjeuner   lunch le déjeuner   dinner le dîner
supper le souper   to have lunch déjeuner   to have dinner dîner

Quelques expressions

I'm hungry. J'ai faim.   I'm thirsty. J'ai soif.   What's for dinner? Qu'y a-t-il pour le dîner ?
Let's eat fish and chips! Mangeons du poisson et des frites ! (plat très populaire en Angleterre)
I don't drink alcohol. Je ne bois pas d'alcool.   Can I have a glass of water? Puis-je avoir un verre d'eau ?
Be careful, it's hot! Fais attention, c'est chaud !
I can't eat that meat. It's cold. Je ne peux pas manger cette viande. Elle est froide.

---

❷ Complète chaque phrase avec le nom correspondant au dessin.

Exemple : There is some ....
→ **There is some bread.**

a. There is some ....
b. There is some .... 
c. I drink some .... 
d. Can I have some ....? 
e. There is some ....

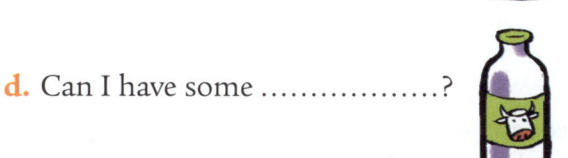

❸ Écoute Piste 32 Écoute ton CD piste 32. Écris le numéro de chaque phrase que tu as entendue en face de la signification en français qui lui correspond.

a. Puis-je avoir de la confiture ? ☐

b. Nous avons faim, mais il n'y a pas de biscuits. ☐

c. Puis-je avoir une saucisse ? ☐

d. Nous n'avons pas faim ; nous ne voulons pas de biscuits. ☐

e. Nous avons faim ; pouvons-nous avoir des biscuits ? ☐

Grammaire

Some, any et no et leurs composés
Les pronoms personnels compléments

Écoute et répète — Piste 33

Some, any et no

On emploie **some**, **any** et **no** pour indiquer une certaine quantité de quelque chose ou l'absence de quelque chose. On les traduit en français par « du », « de la », « des ».

Forme affirmative	some	There is some ice-cream in the fridge. Il y a de la glace dans le frigo. Give me some apples, please. Donne-moi des pommes, s'il te plaît.
Forme interrogative	any	Is there any bread? Y a-t-il du pain ? Are there any chips for lunch? Est-ce qu'il y a des frites pour le déjeuner ?
Forme négative	any	There isn't any fish for lunch. Il n'y a pas de poisson pour le déjeuner. There aren't any vegetables in the fridge. Il n'y a pas de légumes dans le frigidaire.
	no	There is no water in this bottle. Il n'y a pas d'eau dans cette bouteille. There are no biscuits in the cupboard. Il n'y a pas de biscuits dans le placard.

There is (are) no = There isn't (aren't) any.

Pour demander poliment quelque chose, on emploie **some** dans une question.
Can I have some tea, please? Puis-je avoir du thé, s'il vous plaît ?

Composés de some, any et no

- **Avec where** : *somewhere, anywhere* (quelque part) — *nowhere* (nulle part).
Gyp is somewhere in the garden. Gyp est quelque part dans le jardin.
Can you see my newspaper anywhere? Voyez-vous mon journal quelque part ?
Sorry! It's nowhere in the living-room. Désolé ! Il n'est nulle part dans le salon.

- **Avec one ou body** : *someone/somebody, anyone/anybody* (quelqu'un) — *no-one/nobody* (personne).
There's someone (somebody) in the garden. Il y a quelqu'un dans le jardin.
Is there anyone (anybody) in? Est-ce qu'il y a quelqu'un ?
There's no-one (nobody) at home today. Il n'y a personne à la maison aujourd'hui.

- **Avec thing** : *something, anything* (quelque chose) — *nothing* (rien).
I've got something in my bag. J'ai quelque chose dans mon sac.
Have you got anything to eat? Avez-vous quelque chose à manger ?
There's nothing I can do. Il n'y a rien que je puisse faire.

Les pronoms personnels compléments

me	you	him	her	it	us	you	them
me/moi	te/toi	le/lui	la/lui	le/la/lui	nous	vous	les/leur/eux

Les **pronoms compléments** se placent toujours **après le verbe conjugué**.
Eat this cake. I give it to you. Mange ce gâteau. Je te le donne.

---

4 Complète les phrases avec *some*, *any* ou *no* et le vocabulaire qui convient.

a. Dire qu'il y a des enfants dans le jardin. → There are .... in the garden.

b. Dire que Julia n'a pas de bonbons dans son sac. (Fais deux phrases.)
→ Julia hasn't got .... bag. → Julia has .... bag.

c. Demander s'il y a du ketchup dans le frigo ? → Is there .... fridge?

Exercices d'entraînement

1 *Écoute* Piste 34 Écoute ton CD piste 34 et complète les phrases pour qu'elles correspondent à ce que tu as entendu. Une série de pointillés correspond à un mot.

a. Julia has some ……… ……… for breakfast.

b. Dad, can we have some ……… ……… ?

c. I don't want any baked beans for ………… .

d. I'm sorry, ……… ……… any chips today.

e. The fish is for me, not ………… ………… !

2 Complète les phrases suivantes avec *some, any* ou *no*.

a. We can't have cornflakes for breakfast. There's ……………… milk.

b. Please, Mum! Can I take ……………… chocolate from the fridge?

c. Benny, Julia! You can go to bed now! There aren't ……………… programs for children on TV.

d. I'm going now, children. There's ……………… fish in the fridge for lunch.

e. Are there ……………… good films in London at the moment?

3 Complète les phrases avec un composé de *some, any* ou *no*.

a. He's completely silent; he says ………… .

b. Are you going ………… for the weekend?

c. Look! There's ………… at the window.

d. What's for lunch? ………… ; we're going to the restaurant!

4 Fais des phrases au modèle de l'exemple pour indiquer ce qui manque.
Exemples :
Une bouteille de lait. → There isn't any milk.
 ou There's no milk.
Des biscuits. → There aren't any biscuits.
 ou There are no bicuits.
du ketchup – des œufs – du pain – du fromage

a. …………………………………………………

b. …………………………………………………

c. …………………………………………………

d. …………………………………………………

5 Complète les phrases en remplaçant les noms entre parenthèses par un pronom personnel complément.

a. Benny, that is Julia's hamburger. Give it to ……., please. (**Julia**)

b. There are some nice oranges for ……… (**the children**)

c. Can I have some tea for ………? (**Grandad**)

d. Is there any ice-cream for ………? (**Julia and me**)

e. Do you like ………? (**marmalade**)

6 Remets les mots dans l'ordre pour former des phrases correctes.

a. tea / This / hasn't / shop / any / good / got
…………………………………………………

b. give / chocolate / me / ? / Can / you / some
…………………………………………………

c. can / someone / I / see / door / the / at
…………………………………………………

d. weekend/we/for/anything/doing/the/aren't
…………………………………………………

33

Dire l'heure – Les adverbes de fréquence

8 Benny never works on Sunday

Benny ne travaille jamais le dimanche

À chacun ses activités !

Écoute — Piste 35

> On Mondays, Mrs Rogers and Julia usually do the shopping at the supermarket.

Le lundi, Mrs Rogers et Julia font habituellement les courses au supermarché.

> On Wednesdays, Julia and Cynthia often go to the swimming-pool.

Le mercredi, Julia et Cynthia vont souvent à la piscine.

> On Friday evenings, at 9 o'clock, Grandad always watches his favourite series on television.

Le vendredi soir, à 21 heures, Grand-père regarde toujours sa série préférée à la télévision.

> On Sunday afternoons, Julia sometimes helps her parents in the garden.
> But Benny never works on Sundays !

Le dimanche après-midi, Julia aide parfois ses parents dans le jardin.
Mais Benny ne travaille jamais le dimanche !

❶ RIGHT OR WRONG ? Réécoute la piste 35 de ton CD et regarde ta BD, puis entoure R si l'affirmation est vraie, W si elle est fausse.

a. Mrs Rogers and Julia never do the shopping on Mondays. .... R W

b. Julia and Cynthia like swimming. .... R W

c. Grandad never misses his favourite series on television. .... R W

d. Benny sometimes helps his parents in the garden. .... R W

Vocabulaire et expressions
Time : le temps

Les jours de la semaine

Une comptine

Solomon Grundy
Born on a Monday,
Christened on Tuesday,
Married on Wednesday,
Took ill on Thursday,
Worse on Friday,
Died on Saturday,
Buried on Sunday.
This is the end
Of Solomon Grundy.

Solomon Grundy
Né un lundi,
Baptisé mardi,
Marié mercredi,
Malade jeudi,
Plus mal vendredi,
Mort samedi,
Enterré dimanche.
C'est la fin
De Solomon Grundy.

Les mois et les saisons

a year une année   a month un mois   a week une semaine   a day un jour
a season une saison
January janvier   February février   March mars   April avril
May mai   June juin   July juillet   August août
September septembre   October octobre   November novembre   December décembre
Spring le printemps   Summer l'été   Autumn l'automne   Winter l'hiver

❷ **Complète les phrases suivantes.**
   Exemple : The day before Sunday is .... → The day before Sunday is Saturday.

   a. The day after Monday is ....

   b. The day between Thursday and Saturday is ....

   c. The first day of the week is ....

   d. The day before Friday is ....

   e. The day after Tuesday is ....

❸ **Écris sous chaque dessin le mois de l'année qui lui correspond.
   Choisis-le dans la liste des mots ci-dessous.**
   August – January – December – May – October

a. ....   b. ....   c. ....   d. ....   e. ....

35

Grammaire
Dire l'heure / Les adverbes de fréquence

Dire l'heure
Pour dire l'heure exacte on utilise l'expression **o'clock**.
 It's twelve o'clock. Il est midi.
Pour dire l'heure, on **indique d'abord les minutes**.
– Entre l'heure exacte et l'heure et demie, on utilise **past**.
 It's twenty past eight. Il est 8 h 20.
 It's half past ten. Il est dix heures et demie.
 It's quarter past four. Il est quatre heures et quart.
– Entre l'heure et demie et l'heure suivante, on utilise **to**.
 It's quarter to eight. Il est huit heures moins le quart.
 It's twenty-five to nine. Il est neuf heures moins vingt-cinq.

nine **o'clock**   half **past** two   quarter **past** six   twenty **past** four   quarter **to** twelve   ten **to** seven

Les adverbes de fréquence
Les principaux adverbes de fréquence sont **always** (toujours), **never** (jamais), **sometimes** (parfois), **often** (souvent), **usually** (habituellement), **regularly** (régulièrement), **rarely** (rarement).
L'adverbe de fréquence se place :
– **avant le verbe**
I rarely watch television. Je regarde rarement la télévision.
Grandad never plays on the computer. Grand-père ne joue jamais sur l'ordinateur.
– **après le verbe** *be*
Benny is sometimes late for school. Benny est parfois en retard pour l'école.

---

4 Écris chaque heure en toutes lettres.

a. 11:15 ....

b. 7:50 ....

c. 6:00 ....

d. 22:30 ....

e. 9:45 ....

5 Récris les phrases en plaçant l'adverbe de fréquence au bon endroit.

a. Grandad plays football. *(never)*
....

b. I go to school on Mondays. *(always)*
....

c. Julia and Benny are on time at school. *(usually)*
....

Exercices d'entraînement

1 *Écoute Piste 38* Écoute ton CD, piste 38, écris les heures que tu as entendues en chiffres, puis en toutes lettres.
Exemple : 6:30 → half past six

a. ....

b. ....

c. ....

d. ....

2 Complète les phrases pour dire ce que font les personnages tout au long de la semaine. Choisis les verbes dans la liste ci-dessous.
to do – to play – to work – to watch – to wash – to have
Revois le présent simple, page 20.

a. On Tuesdays, Julia .... a maths lesson.

b. On Wednesdays, Julia and Cynthia .... tennis.

c. On Thursdays, Grandad .... his sports program.

d. On Fridays, Mrs Rogers .... the shopping.

e. On Saturdays, Benny .... his father's car.

f. On Sundays, Mr and Mrs Rogers .... in the garden.

3 *Écoute Piste 39* Écoute ton CD, piste 39, puis remets les mots dans l'ordre pour former les phrases que tu as entendues.
Exemple : lunch / past / usually / twelve / I / have / at / half → I usually have lunch at half past twelve.

a. school / Julia / late / never / is / for
....

b. August / The / go / always / holiday / Rogers / on / in
....

c. the / garden / rarely / his / in / Benny / helps / father
....

d. Saturdays / We / watch / on / sometimes / television
....

e. school / regularly / Benny / Mondays / late / is / for / on
....

4 *Écoute Piste 40* Écoute ce que disent les personnages sur ton CD piste 40. Coche l'expression qui explique ce qu'ils ont exprimé.

a. 1. ☐ Grandad never watches his sports program on Wednesdays.
   2. ☐ Grandad always watches his sports program on Wednesdays.
   3. ☐ Grandad rarely watches his sport program on Wednesdays.

b. 1. ☐ Benny never has a history lesson on Thursdays.
   2. ☐ Benny loves history.
   3. ☐ Benny doesn't like history.

c. 1. ☐ Benny likes to work in the garden on Sundays.
   2. ☐ Benny rarely works in the garden on Sundays.
   3. ☐ Mr Rogers always works in the garden on Sundays.

Le présent en be + -

9 Dad's cooking!

Papa fait la cuisine !

Le dimanche, c'est Papa qui prépare le petit déjeuner !

Écoute — Piste 41

— Good morning Julia. How are you this morning?
— All right, Mum! Where is Dad?
— He's cooking breakfast.
— It's Sunday today; he isn't working.

— Hello Dad! I'm starving! What are you cooking?
— Egg and bacon!
— How nice! Are there any baked beans too?
— Sorry! Not today.

Mrs Rogers — Bonjour, Julia. Comment vas-tu ce matin ?
Julia — Pas mal, Maman. Où est Papa ?
Mrs Rogers — Il prépare le petit déjeuner. C'est dimanche aujourd'hui ; il ne travaille pas.

Benny — Bonjour Papa ! Je meurs de faim ! Qu'est-ce que tu prépares ?
Mr Rogers — Des œufs au bacon.
Benny — Oh chouette ! Est-ce qu'il y a aussi des haricots ?
Mr Rogers — Désolé, pas aujourd'hui.

— Are we ready to start?
— One moment, Mum. Julia is in the bathroom; she's brushing her teeth!
— Julia! Are you coming down? We're having breakfast!

— Sorry I'm late! Benny, you're not drinking my pineapple juice, I hope!
— Don't worry, there's plenty in the fridge!
— There's a funny smell! Something is burning in the kitchen!
— Oh, dear! the bacon!

Mrs Rogers — Pouvons-nous commencer ?
Benny — Un instant, Maman ; Julia est dans la salle de bains. Elle se brosse les dents.
Mr Rogers — Julia, tu descends ? Nous prenons le petit déjeuner.

Julia — Désolée d'être en retard. Benny ! Tu ne bois pas mon jus d'ananas, j'espère !
Mrs Rogers — Ne t'inquiète pas ; il y en a plein dans le frigo.
Benny — Il y a une drôle d'odeur. Quelque chose est en train de brûler dans la cuisine.
Mr Rogers — Oh là là ! Le bacon !

❶ **RIGHT OR WRONG?** Réécoute la piste 41 de ton CD et regarde ta BD, puis entoure R si l'affirmation est vraie, W si elle est fausse.

a. It's Sunday. Mr Rogers is cooking in the kitchen. .... R   W

b. Benny is pleased, because there are baked beans for breakfast. .... R   W

c. All the family is ready for breakfast. .... R   W

Vocabulaire et expressions
To talk : parler, discuter

Écoute et répète — Piste 42

Se saluer
Hello! Bonjour! Hi! Salut!
Good morning (le matin) / Good afternoon (l'après-midi) Bonjour. Good evening Bonsoir.
How are you? / How are you doing? Comment ça va ?

Remercier
Thank you / Thanks Merci. You're very kind. Vous êtes très gentil.
Thank you very much / Thanks a lot / Thank you so much Merci beaucoup.

Faire patienter
I won't be a minute. J'en ai pour une minute. Just a minute, please. Une minute, s'il vous plaît.
It'll take no time. Il n'y en a pas pour longtemps.

Présenter des excuses
I'm sorry. Je suis désolé. Forgive me. Pardonnez-moi. Excuse me. Excusez-moi.
Sorry I'm late. Désolé d'être en retard.

Prendre congé
Goodbye Au revoir. See you! À plus ! See you tomorrow! À demain !
Have a nice weekend! Bon week-end !

Rassurer
Don't worry! Ne t'inquiète pas. Never mind. Tant pis.

Féliciter
Great! Super ! Wonderful! Formidable ! How nice! Chouette ! / Qu'est-ce que c'est bien !

---

❷ **Regarde les dessins et écris une expression correspondant à chaque situation en t'aidant de l'encadré Vocabulaire ci-dessus.**

a. .... b. .... c. .... d. ....

Grammaire
Le présent avec *be* + *-ing*

Formation du présent *be* + *-ing*
On forme le présent avec *be* + *-ing* **avec l'auxiliaire *be* conjugué au présent suivi de la base verbale du verbe + *ing*.**

I am brushing my teeth. Je suis en train de me laver les dents.

• **Forme affirmative :** **sujet +** *be* **+ base verbale +** *-ing*.
Mr Rogers is cooking breakfast. Mr Rogers prépare le petit déjeuner.

• **Forme interrogative :** *be* **+ sujet + base verbale +** *-ing* **+ ?**
Are you taking a shower, Julia? Est-ce que tu prends une douche, Julia ?

• **Forme négative :** **sujet +** *be* **+ not + base verbale +** *-ing*.
Mr and Mrs Rogers aren't working today. M. et Mme Rogers ne travaillent pas aujourd'hui.

Quand employer le présent *be* + *-ing* ?
• Le présent avec *be* + *-ing* s'emploie pour décrire une **action en train de se dérouler**.
We are working. Nous travaillons. (Au moment où nous parlons.)
• On emploie aussi le présent avec *be* + *-ing* pour exprimer une **action prévue**.
Julia is seeing her friend Tracy this afternoon. Julia voit son amie Tracy cet après-midi. (C'est prévu.)

---

❸ Complète cette conversation à l'aide des verbes ci-dessous conjugués au présent avec *be* + *-ing*.
go – do – look – come – stay. Certains verbes sont utilisés plusieurs fois.

a. Julia — Hi, Cynthia! How .... you .... today?

b. Cynthia — I'm very well, thank you, and you?

Julia — I'm OK, thanks. Where .... you ....?

c. Cynthia — To the supermarket. Mummy's ill. She .... in bed today, so I .... the shopping for her.

d. Julia — Oh, I'm sorry! .... the doctor .... to see her?

e. Cynthia — No, don't worry. My brother .... after her. He .... not .... to school today.
Julia — Well, give her my love. See you, Cynthia.
Cynthia — Bye, Julia.

❹ Conjugue le verbe au présent avec *be* + *-ing* à la forme et à la personne indiquées.

a. To run *(affirmative)* we ....

b. To cook *(négative)* I ....

c. To come *(interrogative)* they ....

d. To work *(affirmative)* she ....

Exercices d'entraînement

❶ Indique si l'emploi du présent avec *be* + *-ing* dans le texte en gras correspond à une action en cours (C) ou à une action planifiée (P).

a. Where's Julia?
— She's in her room. **She's doing her homework.** ....

b. Hurry up, Benny! **The bus is leaving in ten minutes!** ....

c. Sorry, I can't come to your party. **I'm helping Dad in the garden, today.**

d. Are we ready to go, children?
— Just a minute, Mum. **Julia is speaking to Cynthia** on the phone. ....

e. **Why are you wearing your coat**, Benny? It isn't cold today. ....

❷ Remets les mots dans l'ordre pour former des phrases correctes.
N'oublie pas le **?** à la fin des phrases interrogatives.

a. going / Benny / today / not / school / is / to
....

b. computer / Is / ? / the / working
....

c. pupils / not / listening / The / to / teacher / the / are
....

d. my / bathroom / 'm / teeth / the / I / brushing / in
....

e. afternoon / See / tomorrow / you / !
....

f. you / Where / this / going / are / week-end / ?
....

❸ Grand-père est un peu sourd et pose des questions pour qu'on lui répète ce qu'on vient de lui dire ! Complète ses questions
Exemple : Jane is going to school.
— Sorry! Where … → — Sorry! Where is she going?

a. Mum and Dad are watching a great film.
— I beg your pardon, what ....
.... ?

b. We're going shopping this afternoon.
— Sorry, when.................................... ?

c. Dad, I'm not staying for lunch. I'm going to the dentist's. See you later!
— Sorry! Where .... ?

d. Hurry up, grandad, the train is leaving at 10 o'clock.
— I beg your pardon, what time ....
.... ?

❹ Piste 44 Écoute le dialogue sur ton CD, piste 44, puis coche les phrases qui correspondent à ce que tu as entendu.

a. Julia va voir un film de science-fiction. ☐
b. Benny adore les films de science-fiction. ☐
c. Benny a appris sa leçon de français en un rien de temps. .... ☐
d. Benny va apprendre sa leçon de français. ☐
e. Julia renonce à aller au cinéma après tout. ☐

❺ Traduis les phrases que tu as entendues piste 44.

....
....
....
....

41

10 You must ride carefully

Must / mustn't – Les pronoms posse...

Tu dois rouler à vélo prudemment

À chacun son vélo !

Écoute Piste 45

Dad! The school's organizing a mountain biking session on Sunday.

Can I take your bike?

Benny — Papa, l'école organise une promenade en VTT dimanche.
Est-ce que je peux prendre ton vélo ?

But, you've got a bike, Benny.

Where is it?

Mr Rogers — Mais, tu as un vélo, Benny. Où est-il ?

Julia's got mine.

Hers is too small for her now.

Benny — Julia a le mien.
Le sien est trop petit pour elle maintenant.

All right, you can take mine.

But you must ride carefully, and you mustn't use it in town.

Mr Rogers — D'accord, tu peux prendre le mien. Mais tu dois rouler prudemment, et ne pas l'utiliser en ville.

❶ **RIGHT OR WRONG?** Réécoute la piste 45 de ton CD et regarde ta BD, puis entoure R si l'affirmation est vraie, W si elle est fausse.

a. Benny wants to use his father's bike on Sunday. .... R W

b. Benny hasn't got a bike. .... R W

c. Julia is too tall for her bike now. .... R W

d. Benny mustn't use his father's bike in Canterbury. .... R W

Vocabulaire et expressions
Leisure : les loisirs

Les activités
a hobby un passe-temps   reading la lecture   dancing la danse   music la musique
the theatre le théâtre   cinema / movies le cinéma   painting la peinture
photography la photographie   to take a photo prendre une photo
to listen to music écouter de la musique   to play music jouer de la musique
to watch a film regarder un film   riding l'équitation
cycling / biking faire du vélo   sightseeing le tourisme   travelling les voyages

Les objets et les lieux
a game un jeu   a library une bibliothèque   a bookshop une librairie
a travel guide un guide touristique   a camera un appareil photo
a camcorder un caméscope   a CD player un lecteur de CD
sunglasses des lunettes de soleil   an MP3 player un lecteur MP3

Quelques expressions
Do you like reading? Aimes-tu la lecture ?
Mum doesn't like jazz music. Maman n'aime pas la musique de jazz.
Let's go to the movies! Allons au cinéma !
Cynthia collects stamps. Cynthia collectionne les timbres.
Can I borrow your I-Pod? Est-ce que je peux t'emprunter ton I-Pod ?
You must be quiet during the concert! Tu dois être silencieux pendant le concert !

❷ Inscris sous chaque objet le nom du loisir qui lui correspond. Choisis-le dans la liste ci-dessous.
painting – dancing – reading – taking photos – playing music – sightseeing – going to the cinema.

Exemple : Cycling

a. ....
b. .... 
c. .... 
d. .... 
e. .... 
f. .... 
g. .... 

❸ Remets les mots dans l'ordre pour former des phrases correctes.

a. ? / I / Where / a / can / travel guide / buy ....

b. to / is / music / My / listening / mother's / hobby ....

c. You / often / go / don't / to / theatre / the . ...

Grammaire
Must / Mustn't – Les pronoms possessifs

Must / Mustn't
Must et *mustn't* se placent entre le sujet et la base verbale.
On utilise *must* pour exprimer une **obligation** ou un **ordre**.
🔵 I must wash Daddy's car. Je dois laver la voiture de Papa.
Must s'utilise également avec le verbe *to be* pour signifier une **forte probabilité**.
🔵 The phone is ringing. It must be Dad. Le téléphone sonne ; ça doit être Papa.
On utilise *mustn't* pour exprimer une **interdiction**.
🔵 You mustn't use your mobile phone at school. Tu ne dois pas utiliser ton téléphone portable à l'école.

Les pronoms possessifs
On utilise les pronoms possessifs pour remplacer un nom associé à un adjectif possessif.
This is **my room**. → It's **mine**. C'est ma chambre. → C'est la mienne.
Adjectif possessif + nom   Pronom possessif

Adjectif possessif + nom	Pronom possessif	Traduction
my room	**mine**	le mien, les miens, la mienne, les miennes
your sweat-shirt	**yours**	le tien, les tiens, la tienne, les tiennes
his car	**his** (possesseur masculin)	le sien, les siens, la sienne, les siennes
her book	**hers** (possesseur féminin)	
our house	**ours**	le nôtre, la nôtre, les nôtres
your classroom	**yours**	le vôtre, la vôtre, les vôtres
their garden	**theirs**	le leur, la leur, les leurs

4 Explique ce que doivent faire les personnages en utilisant *must* ou *mustn't*
Exemple : Julia! Do the washing-up, please. → Julia must do the washing-up.

a. Darling! Can you phone the garage? There's a problem with the car.
→ Mr Rogers .... the garage.

b. Gyp! Don't run in the garden; it's raining.
→ Gyp .... in the garden.

c. Oh be quiet children. I can't hear the radio!
→ The children .... quiet.

5 Complète les phrases par un pronom possessif.

a. Is this Benny's bicycle? → No, ... is black and white.

b. Are they Cynthia's shoes? → Yes, I'm sure they're ....

c. Is this Mr Rogers's car? → Yes, it's certainly ....

d. Children! Are they your CDs? → Yes, Mum. They're ....

e. This is your ice cream, Benny. And here is .... , Julia.

Exercices d'entraînement

1 Grand-Père écrit ce qu'il doit faire avant de partir en week-end. Remets les mots dans le bon ordre pour faire des phrases correctes.

a. camera / must / take / my / I

....

b. my / the / must / bag / travel guide / I / put / in

....

c. be / I / train / late / mustn't / my / for

....

d. the / address / leave / I / must / my / table / on

....

e. sunglasses / ? / Where / my / are

....

2 Regarde le règlement de la bibliothèque de l'école de Julia et de Benny. Écris ce que les élèves doivent faire et ne pas faire en utilisant *must* et *mustn't*.

> **SCHOOL LIBRARY REGULATIONS**
>
> *No chatting*
> *No eating or drinking*
> *No smoking*
> *Respect the books*
> *Return books on time*

Exemple : They mustn't chat.

a. ....
b. ....
c. ....
d. ....

3 Remplace les groupes nominaux en gras par un pronom possessif.
Exemple : Julia! Is this your camera?
— No, Mum, it's **Benny's camera**. → No, mum, it's his.

a. Have you got Julia's keys, Benny?
— No, she's got **her keys**.

She's got ....

b. This magazine is too difficult for you, Benny.
— I know, Mum, it isn't my magazine, it's **Dad's magazine**.

It's ....

c. Julia, give me your sunglasses please. I can't see **my sunglasses**.

I can't see ....

d. Children, you mustn't use Daddy's computer; you've got **your computer**, haven't you?

You've got ....

e. Can I borrow your scooter? **My scooter** is at the garage.

.... is at the garage.

4 *Écoute* Piste 48 Écoute ton CD piste 48. Pour chaque phrase que tu entends, coche la phrase écrite qui a un sens équivalent.

a. 1. ☐ Benny mustn't watch television now.
   2. ☐ Benny must watch another program.
   3. ☐ Benny must watch that program now.

b. 1. ☐ The dress is not Julia's.
   2. ☐ The dress is Mrs Rogers's.
   3. ☐ The dress is probably Julia's.

c. 1. ☐ Mr Rogers mustn't go to the movies.
   2. ☐ Mr Rogers must be tired.
   3. ☐ Mr Rogers must go to the movies.

d. 1. ☐ Mr Rogers's camcorder must be in his car.
   2. ☐ Mr Rogers's camcorder can't be in his car.
   3. ☐ Mr Rogers's camcorder isn't in his car.

Le prétérit de

11 Those were the days!

C'était le bon temps !

La télévision de Grand-père !

Écoute Piste 49

> Grandad, was there a television in your house when you were young?

> Yes, there was one in the living-room.

> I was lucky, because a television set was very expensive in those days.

Julia — Grand-père, est-ce qu'il y avait une télévision chez toi quand tu étais jeune ?

Grand-père — Oui, il y en avait une dans le salon. J'avais de la chance, parce qu'un téléviseur coûtait très cher à l'époque.

> There was only one channel and it was in black and white, and there weren't any commercials.

> Those were the days !

> Really?

> Not very exciting, was it?

Grand-père — Il n'y avait qu'une chaîne et elle était en noir et blanc, et il n'y avait pas beaucoup de pubs. C'était le bon temps !

Julia — Vraiment ? Pas très passionnant, hein ?

❶ **RIGHT OR WRONG?** Réécoute la piste 49 de ton CD et regarde ta BD, puis entoure R si l'affirmation est vraie, W si elle est fausse.

a. There was a television set in Grandad's living-room when he was young. .... R W

b. A television set was not cheap in those days. .... R W

c. There were only two black and white channels. .... R W

d. Julia thinks television was boring at that time. .... R W

46

Vocabulaire et expressions
Television : la télévision

Les programmes
a viewer un téléspectateur
a program un programme
a cartoon un dessin animé
a series une série
the news les informations (s'emploie avec un verbe au singulier)
a commercial une pub
a documentary un documentaire
a thriller un film policier
an actor un acteur
an actress une actrice
the weather-forecast la météo

La télévision
a television set un téléviseur
a channel une chaîne
a remote (control) une télécommande
to watch television regarder la télévision
to switch to another channel changer de chaîne
to switch on the television allumer la télévision
to switch off the television éteindre la télévision
to turn the sound up monter le son
to turn the sound down baisser le son

Quelques expressions
Those were the days! C'était le bon temps !
"Desperate housewives" is my favourite series. "Desperate housewives" est ma série préférée.
What was on television tonight? Qu'est-ce qu'il y avait à la télévision ce soir ?
Was there a good film yesterday? Est-ce qu'il y avait un bon film hier ?

---

❷ **Complète les phrases avec les mots ou les expressions suivants.**
cartoon – turn the sound up – the news – commercials – actor

a. Marlon Brando was a famous ....

b. My father watches .... every evening.

c. "The Simpsons" is a funny ....

d. I can't hear anything! Can you .... , please.

e. Switch off the television please. I don't like the ....

❸ **Remets les mots dans l'ordre pour faire des phrases correctes.**

a. your / television set / in / bedroom / Have / a / you / got / ? ....

b. I / remote / can't / the / find / control ....

c. The / sad / news / is / often ....

d. is / time / weather-forecast / What / ? / the ....

Grammaire

Écoute et répète — Piste 51

Le prétérit de *be*

On utilise le **prétérit** pour décrire une **action ou une situation passée**. Il correspond le plus souvent à l'imparfait, au passé composé ou au passé simple en français.

Le prétérit de *be*

Forme affirmative	Forme interrogative	Forme négative
I was	was I?	I was not (wasn't)
you were	were you?	you were not (weren't)
he was	was he?	he was not (wasn't)
she was	was she?	she was not (wasn't)
it was	was it?	it was not (wasn't)
we were	were we?	we were not (weren't)
you were	were you?	you were not (weren't)
they were	were they?	they were not (weren't)

Attention à ne pas confondre *were* qui est la forme du prétérit de *be* avec le pronom interrogatif *where* (où).

4 Complète les phrases suivantes avec *was*, *wasn't*, *were* ou *weren't*.

a. There .... a film with Brad Pitt, yesterday.

b. Sorry, I .... late on Monday.

c. .... you at the football match the other day?

d. Do you think that program .... interesting? — No, it .... very exciting.

e. Where .... they yesterday morning? — I don't know, they .... with me.

5 *Écoute* — Piste 52 Écoute les phrases sur le CD, piste 52, et écris si tu entends *where* ou *were*.

Exemple : .... → On entend *where*. Where is Mary? (Où est Mary ?)

a. → ....

b. → ....

c. → ....

d. → ....

Exercices d'entraînement

1 **Complète les phrases avec *be* au prétérit à la forme affirmative, interrogative ou négative.**

a. Excuse me, Miss! .... you in the series "Desperate Housewives" yesterday?

b. I can't see Gyp. That's funny, he .... in the garden this morning!

c. Where .... you yesterday evening?

d. .... the film in colour or in black and white, yesterday?

e. Oh, no! It's raining. It's strange, the weather forecast .... bad this morning.

2 **Trouve l'expression juste.**
Comment diras-tu…

a. … que le film était en noir et blanc.

....

b. … que Katharine Hepburn était une grande actrice.

....

c. … que la télécommande n'était pas sur le bureau de Papa.

....

Comment demanderas-tu…

d. … si le documentaire était intéressant ?

....

e. … à quelle heure étaient les informations ?

....

3 **Remets les mots dans l'ordre pour faire des phrases correctes.**

a. very / match / thinks / was / Grandad / the / exciting

....

b. Cruise / on / Was / Tom / ? / yesterday / television

....

c. good / The / wasn't / news / very

....

d. last / Rogers / The / home / Sunday / weren't / at

....

4 *Écoute* **Piste 53** **Écoute les phrases sur le CD, piste 53, et écris sous chaque image le numéro de la phrase qui lui correspond.**

a. .... b. ....

c. .... d. ....

5 *Écoute* **Piste 54** **Écoute le dialogue, piste 54, et coche les phrases correspondant à ce que tu as entendu.**

a. Mrs Rogers thinks the television program was good. ❒

b. The children don't want to go to bed now. ❒

c. They have an important French test tomorrow. ❒

d. Julia and Benny were tired yesterday. ❒

12 I went there two days ago!

J'y suis allé il y a deux jours !

Le prétérit des autres verbes – Le prétérit + a

Retour à la bibliothèque !

Écoute Piste 55

Mrs Rogers — Darling, can you take that book to the library, please?

Mrs Rogers — Chéri, peux-tu rapporter ce livre à la bibliothèque, s'il te plaît ?

Mr Rogers — Again? I went there two days ago. The traffic was awful and I got a ticket for parking in front of the town hall.

Mr Rogers — Encore ? J'y suis allé il y a deux jours. La circulation était épouvantable et j'ai pris une contravention devant l'hôtel de ville.

Mrs Rogers — Why don't you take a bus, then? The next one is in 10 minutes.

Mrs Rogers — Pourquoi ne prends-tu pas l'autobus, alors ? Le prochain passe dans 10 minutes.

Mr Rogers — All right, then, I'll read your book on the way!

Mr Rogers — Bon, d'accord, je lirai ton livre en chemin…

❶ **RIGHT OR WRONG? Réécoute la piste 55 de ton CD et regarde ta BD, puis entoure R si l'affirmation est vraie, W si elle est fausse.**

a. Mrs Rogers wants to go to the library. .... R W

b. Mr Rogers went to the library two days ago. .... R W

c. There was a lot of traffic. .... R W

d. Mr Rogers won't take his car. .... R W

50

Vocabulaire et expressions
The town : la ville

La rue
a street une rue
a square une place
a pavement un trottoir
traffic la circulation
a passer-by un passant

a road une route ; une chaussée
a dead-end street une impasse
a pedestrian crossing un passage pour piétons
a traffic light un feu de circulation
a crowd une foule

Les bâtiments
the town hall l'hôtel de ville
the cemetery le cimetière
a hospital un hôpital
a bus stop un arrêt d'autobus

a church une église
a bridge un pont
a suburb un faubourg, une banlieue
a station une gare

a library une bibliothèque
the market le marché
a roundabout un rond-point

Quelques expressions
Be careful when you cross the road! Fais attention en traversant la rue !
Always use pedestrian crossings! Emprunte toujours les passages pour piétons !
Go past the school. Passez devant l'école.
Excuse me, how can I get to the town hall?
Excusez-moi, comment puis-je aller à l'hôtel de ville ?
Do you know the way to the station?
Connaissez-vous le chemin de la gare ?
Turn right / left. Tournez à droite / à gauche.
Go over the bridge. Passez sur le pont.
Go straight on. Allez tout droit.
Take the first on the right / left. Prenez la première à droite / à gauche.

❷ Ce monsieur semble perdu. Regarde le plan et complète les phrases pour lui indiquer le trajet qui mène aux différentes destinations.

Exemple : Aller à la bibliothèque → Turn left at the roundabout, and the library is on the left.

a. **à la gare** → Go straight ...., ... the bridge, turn .... and the station is on the ....

b. **à l'hôpital** → Turn right at the ...., take the first on the .... and the hospital is on ....

c. **à l'église** → Turn .... at the ...., go .... on, and the church is on the ....

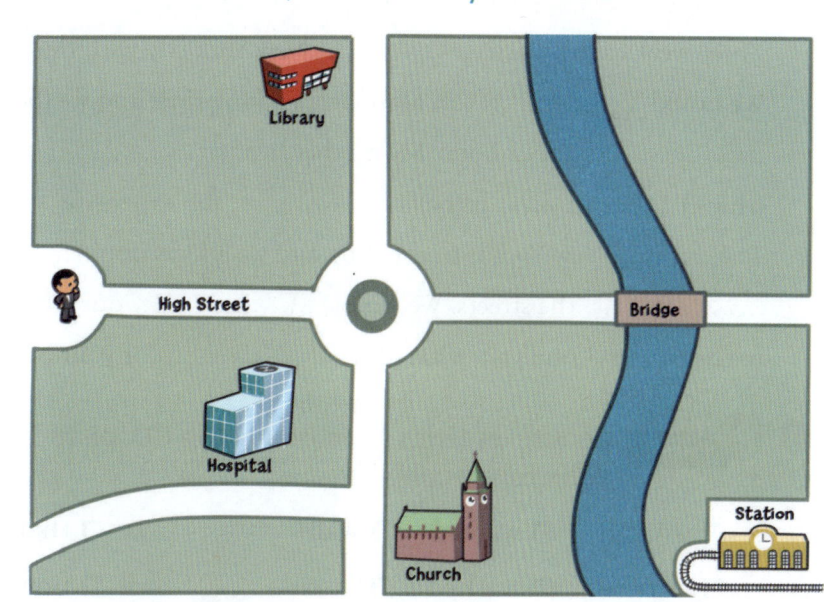

Grammaire

Le prétérit des autres verbes – Le prétérit + *ago*

Écoute et répète – Piste 57

On utilise le **prétérit** pour décrire une **action ou une situation passée**. Il correspond le plus souvent à l'imparfait, au passé composé ou au passé simple en français.

Forme affirmative

À la forme affirmative, le prétérit des verbes se construit de façon différente selon que le **verbe** est **régulier** ou **irrégulier**. La **forme** du verbe au prétérit est la **même à toutes les personnes**.

- **Verbes réguliers : sujet + base verbale + -ed.**

Watch → Mr Rogers watch**ed** his favourite program yesterday.
Mr Rogers a regardé son émission préférée hier.

Si la base verbale du verbe est déjà terminée par un **-e** on ajoute simplement un **-d**.

Arrive → I always arriv**ed** late at school last year. J'arrivais toujours en retard à l'école l'année dernière.

- **Verbes irréguliers :** Tu trouveras la **liste** des principaux verbes irréguliers en **page 91**.

Go → Benny went to the market this morning. Benny est allé au marché ce matin.

Forme interrogative

***Did* + sujet + base verbale + ?** à toutes les personnes.

Did you visit Buckingham Palace when you went to London?
As-tu visité le palais de Buckingham quand tu es allé à Londres ?

Forme négative

Sujet + *didn't* + base verbale à toutes les personnes.

Sorry, constable. I didn't see the red light. Désolé, Monsieur l'agent. Je n'ai pas vu le feu rouge.

Le prétérit + *ago*

Ago s'utilise avec le prétérit pour situer un événement dans le passé. *Ago* se place après l'expression de l'événement.

Julia **asked** that question five minutes **ago**. Julia a posé cette question il y a cinq minutes.
Grandad **went** to hospital two weeks **ago**. Grand-père est allé à l'hôpital il y a deux semaines.

---

❸ Complète la lettre d'Alison à Julia en mettant les verbes entre parenthèses au prétérit.

Dear Julia,

Three weeks ago, I (visit) .... New York city with my parents. It (be) .... fantastic. We (walk) .... in Manhattan a long time and we (be) .... very tired when we (arrive) .... at our hotel. My mother (want) .... to do some shopping in 5th Avenue, but Dad (think) .... it (be) .... too expensive, so we (not/buy) .... anything there. The traffic in New York is frightening and we always (look) .... carefully before we (cross) .... the streets. We (enjoy) .... our trip very much, but Mum says she's happy to live in the country! And you, what (do) .... for your holidays?

Love from Alison.

❹ *Écoute – Piste 58* **Écoute les listes de mots sur ton CD, piste 58. Dans chaque liste, un mot est prononcé deux fois : coche-le.**

a. ❑ worked   ❑ walked   ❑ walk   b. ❑ thanked   ❑ thinks   ❑ sank

c. ❑ watched ❑ washed   ❑ catch   d. ❑ now   ❑ new   ❑ know

52

Exercices d'entraînement

❶ Mets les phrases à la forme interrogative, puis à la forme négative.
Exemple : They saw *Doctor House* on TV last Tuesday.
❓ : Did they see *Doctor House* on TV last Tuesday?
➖ : They didn't see *Doctor House* on TV last Tuesday.

a. Mary and Cynthia waited a long time at the bus stop this afternoon.

❓ ....?
➖ ....

b. Mr Rogers lived in a suburb of London in 1952.

❓ ....?
➖ ....

c. Grandad walked in the park for two hours this morning.

❓ ....?
➖ ....

d. Benny went to the movies yesterday evening.

❓ ....?
➖ ....

❷ Donne la forme manquante de chaque verbe : base verbale ou prétérit.

	Base verbale	Prétérit
a.	buy	....
b.	want	....
c.	....	gave
d.	read	....
e.	....	wrote
f.	go	....
g.	have	....
h.	eat	....

❸ Forme des phrases à l'aide des expressions entre parenthèses, en utilisant le prétérit avec *ago*.
Exemple : Your English is very good. (start to learn English/six years) → Thanks. **I started** to learn English **six years ago**.

a. Where is Dad? (leave/two minutes)

→ He ....

b. Are you phoning Cecilia, Mum? (phone her/three hours)

→ No, I ....

c. Mum! Can I have an ice-cream? (have one/five minutes)

→ Sorry Julia, but you ....

d. I can't find my mobile phone. (see it/a moment)

→ I ....

e. Patsy! The children must go to bed! (go to bed/a long time)

→ But they .... !

❹ Écoute Piste 59 Écoute le dialogue entre Benny et sa mère, piste 59, et coche les phrases correspondant à ce que tu as entendu.

a. Benny went shopping for his mother today. ❒

b. Benny didn't buy the vegetables for his mother today. ❒

c. Benny didn't buy the vegetables because the shops were closed. ❒

d. Benny went shopping because the shops weren't closed. ❒

e. Benny can't go shopping, because the shops are closed now. ❒

f. Benny can buy the vegetables for dinner now. ❒

13 Go and play outside!

Les prépositions de lieu

Allez jouer dehors !

L'ordinateur ou le jardin ?

Écoute Piste 60

> Benny, I need the computer now.
> I must type and print my history paper.

Julia — Benny, j'ai besoin de l'ordinateur maintenant.
Je dois taper et imprimer mon exposé d'histoire.

> Go away, Julia.
> Can't you see I'm working?

Benny — Va-t'en, Julia.
Tu ne vois pas que je travaille ?

> Rubbish!
> You're surfing on the internet, as usual.

Julia — N'importe quoi !
Tu surfes sur internet, comme d'habitude.

> Children, you mustn't sit in front of the screen all day.
> Why don't you go and play outside?

Mrs Rogers — Les enfants, vous ne devez pas rester assis devant l'écran toute la journée.
Pourquoi n'allez-vous pas jouer dehors ?

❶ **RIGHT OR WRONG?** Réécoute la piste 60 de ton CD et regarde ta BD, puis entoure R si l'affirmation est vraie, W si elle est fausse.

a. Julia wants to work on the computer. .... R W

b. Benny is typing his history paper on the computer. .... R W

c. Julia thinks Benny isn't working. .... R W

d. Mrs Rogers needs the computer now. .... R W

Vocabulaire et expressions
Computing and Internet : l'informatique et Internet

L'ordinateur
a computer   un ordinateur
a laptop   un ordinateur portable
a keyboard   un clavier
a hard disk   un disque dur
a USB key   une clé USB
a word processor   un traitement de texte
a link   un lien
to switch on / off the computer   allumer / éteindre l'ordinateur
to surf on the internet   naviguer sur l'internet
to download   télécharger
to type   taper (sur un clavier)

a desktop   un ordinateur de bureau
a mouse   une souris
a screen   un écran
a printer   une imprimante
a file   un fichier
the web   la toile
an email   un courriel

to click   cliquer
to save a file   enregistrer un fichier

Quelques expressions
I received an email from Billy, yesterday.   J'ai reçu un courriel de Billy hier.
I use a word processor to type my letters.   J'utilise un traitement de texte pour taper mes lettres.
I always keep my holiday photos on my USB key.
Je garde toujours mes photos de vacances sur ma clé USB.
Don't forget to save your file!   N'oublie pas d'enregistrer ton fichier !

---

2 Remets les mots dans l'ordre pour former des phrases correctes.

a. to / switch off / computer / Remember / the ....

b. there / hard-disk / files / your / many / ? / on / Are ....

c. surf / the / on / I / web / often ....

d. download / mustn't / music / internet / illegally / the / You / from
....

e. ? / link / you / that / click / Did / on ....

3 Complète le texte avec les mots de la liste suivante.
surf – computer – web – email – screen

Hello, my name's Mary. I live in Australia and I love to .... on the .... to meet new friends.

Yesterday, I received an .... from an American girl called Betty. She sent me a photo

of herself and her family. It was very funny to see her face on my ....!
Tomorrow I will email her a picture of me.

Grammaire
Les principales prépositions de lieu

Prépositions de position

Elles servent à indiquer l'**emplacement** de quelque chose ou de quelqu'un.

in	at	under	on	between	in front of	behind	next to	opposite	inside	outside
dans	à	sous	sur	entre	devant	derrière	à côté de	en face de	à l'intérieur de	à l'extérieur de

- I'm hiding behind Tommy because I'm afraid. Je me cache derrière Tommy parce que j'ai peur.
- We live opposite the swimming-pool. Nous habitons en face de la piscine.

Prépositions de mouvement

Elles **complètent un verbe de mouvement** pour en **préciser le sens**.

up	down	through	from	across	into	out of	above	under
vers le haut	vers le bas	à travers	provenant de	à travers	vers l'intérieur	vers l'extérieur	au-dessus	au-dessous

4 Complète les phrases avec les prépositions de la liste suivante.
up – into – through – between – under

a. Mrs Rogers is looking .... Julia's bedroom.

b. Benny's sitting .... Grandad and Mrs Rogers.

c. There's water coming .... the roof.

d. Mrs Rogers is walking .... the stairs.

e. Gyp is sleeping .... the table.

5 Écoute les cinq situations décrites sur le CD, piste 63, et écris sous chaque dessin le numéro de la phrase qui lui correspond.

a.  ....   b. 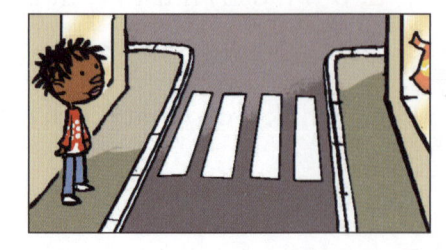 ....   c. ....

d.  ....   e. ....

Exercices d'entraînement

1 Complète les légendes de ce dessin.

a. ....
b. ....
c. ....
d. ....
e. ....
f. ....

2 *Écoute* Piste 64. Regarde attentivement le dessin puis écoute les cinq propositions sur le CD, piste 64. Une seule correspond au dessin : écris son numéro à côté.

3 Traduis les phrases suivantes.

a. Je monte dans ma chambre pour jouer à l'ordinateur.

....

b. Ne reste pas devant nous.

....

c. Gyp sort de la maison en courant.

....

d. Il s'assoit entre son père et sa mère.

....

e. Ils viennent de France.

....

4 La chambre de Benny est bien en désordre ! Observe le dessin et complète les phrases avec les prépositions de lieu qui conviennent.

a. His shirt is ………. the floor.
b. The keyboard of his computer is ………. his bed.
c. The mouse is ………. the screen.
d. His coat is ………. his socks and his bag.
e. His USB key is ………. his shoe.

5 Inscris à la suite de chaque question le numéro de la réponse qui lui correspond.

a. Where is the swimming pool? ☐
b. Where are you going so early? ☐
c. Where does she live? ☐
d. Where is your bedroom? ☐
e. Where's Benny sitting? ☐

1. He's sitting next to Charlie.
2. She lives in Paris.
3. It's down the street, between the supermarket and the school.
4. It's upstairs, on the left.
5. I'm going to school.

6 Traduis les réponses de l'exercice 5.

1. ....
2. ....
3. ....
4. ....
5. ....

14 On the tube

Dans le métro

Les expressions du futur

Écoute Piste 65

Grand-père est un peu distrait !

> Hello Dad! It's Patsy's birthday tomorrow.
> We're giving a party. Will you join us?
> OK! Great! I'll take the underground.
> All right! But remember to change at Charing Cross.
> Don't worry! I won't forget. If I'm lost, I'll look on the map.

Mr Rogers — Bonjour, Papa. C'est l'anniversaire de Patsy demain.
Nous faisons une fête. Veux-tu te joindre à nous ?
Grand-père — OK ! Très bien ! Je viendrai en métro.

Mr Rogers — D'accord. Mais souviens-toi de changer à Charing Cross.
Grand-père — Ne t'inquiète pas, je n'oublierai pas.
Si je me perds, je regarderai le plan.

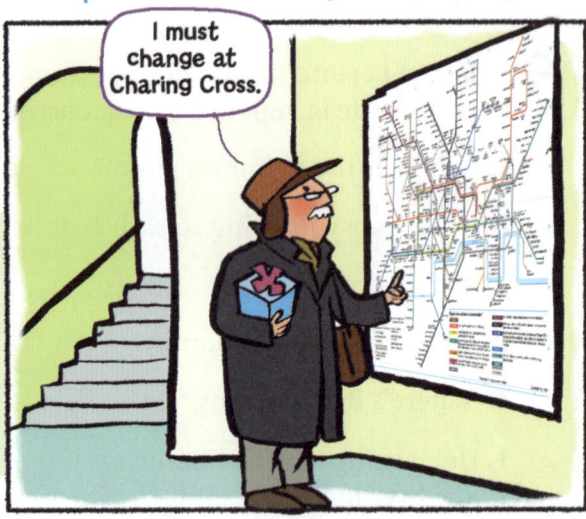

> I must change at Charing Cross.
> Later... Excuse me sir, but this is the end of the line.
> Oh, is it? I'm afraid I fell asleep.
> Oh dear! I'll be late for Patsy's birthday party.

Grand-père — Je dois changer à Charing Cross.

Plus tard...
Le contrôleur — Excusez-moi monsieur, mais c'est le terminus.
Grand-père — Ah oui ? Je crains de m'être endormi.
Oh mon Dieu ! Je vais être en retard pour l'anniversaire de Patsy.

❶ RIGHT OR WRONG? Réécoute la piste 65 de ton CD et regarde ta BD, puis entoure **R** si l'affirmation est vraie, **W** si elle est fausse.

a. Tomorrow is Benny's birthday. .... R W

b. Grandad will go to the party by car with his son. .... R W

c. Grandad will take the tube. .... R W

d. Grandad will be late for Patsy's birthday party. .... R W

Vocabulaire et expressions
The underground : le métro

Le métro
- a tube station — une station de métro
- a line — une ligne
- a seat — un siège
- the fare — le billet
- a train — une rame
- a direction — une direction
- a guard — un chef de train
- a map — un plan
- a platform — un quai
- a gap — une marche
- a clerk — un employé

ten minutes late – one hour late … dix minutes – une heure de retard…
to get to — aller à
to change at — changer à
to get on / off the tube — monter dans le / descendre du métro

Quelques expressions
The train for New Cross is leaving on platform 2. Le train pour New Cross part du quai n°2.
How can I get to Leicester Square station? Comment puis-je aller à L.S station ?
Let's take a seat! Asseyons-nous. (Prenons un siège.)
Mind the gap! Attention à la marche !
For Cannon Street, change at Waterloo. Pour Cannon Street, changez à Waterloo.
Where's Blackwall? Où est Blackwall ?
The train for Waterloo will be ten minutes late. Le train pour Waterloo a dix minutes de retard.

---

❷ En t'aidant du plan simplifié du métro londonien ci-dessous, indique quel parcours faire pour se rendre d'une station à l'autre.
Exemple : Southwark station → Surrey Quays.
Take the Jubilee line, change at Canada Water, and take the East London line to Surrey Quays.

a. Elephant and Castle → Old Street

....

b. Plainstow → St Paul's

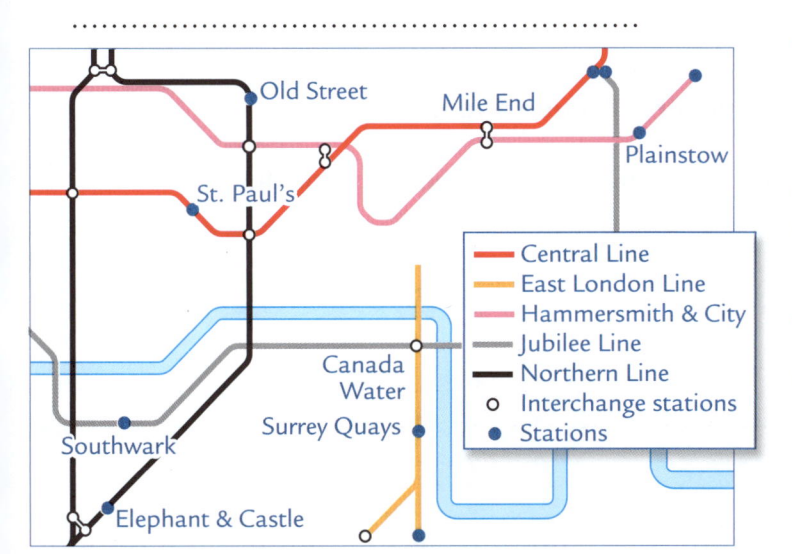

....

❸ Complète les phrases avec des mots ou des expressions extraits du lexique (un espace = un mot).

a. I don't know where London Bridge is.
Let's look ……… ……… ……… ……… .

b. How much is the ………………………… to Bermondsey station?

c. This is a dangerous platform: ……… ……… ……… when you get on the train!

d. Excuse me; is there a ……… ……… near the museum?

e. This is not a direct train. Remember to ……… at Tottenham Court Road.

Central Line
East London Line
Hammersmith & City
Jubilee Line
Northern Line
○ Interchange stations
● Stations

Grammaire

Les expressions du futur

Il existe plusieurs possibilités pour exprimer des situations à venir

Will + base verbale

On utilise le futur formé avec *will* + **base verbale** pour exprimer :
— une **action** à venir **inévitable** (qui arrivera de toutes manières)
  Hurry up for your train; you'll be late! *Dépêche-toi de prendre ton métro ; tu vas être en retard !*
— une **décision que l'on prend subitement**, sans y avoir réfléchi
  Do you know how much the fare is to Blackfriars? — No, I don't, but I'll ask this clerk.
  Sais-tu combien coûte le billet pour Blackfriars ? — Non, mais je vais demander à cet employé. (Je viens d'y penser.)

Be conjugué au présent + *going to* + base verbale

On utilise **be** conjugué au présent + *going to* + **base verbale** pour exprimer une **décision mûrement réfléchie**.
  Dennis is going to buy a new car. *Dennis va acheter une nouvelle voiture.*
  (Il a réfléchi avant de prendre sa décision.)

Présent en *be* + *-ing*

On utilise le présent en **be** + *-ing* pour exprimer une **action à venir planifiée**.
  Don't sit down now. We're getting off at the next station.
  Ne t'assois pas maintenant. Nous descendons au prochain arrêt. (C'est prévu.)

Ordre des mots selon la forme de la phrase

Forme affirmative	Forme interrogative
Sujet + *will* (*'ll*) + base verbale Sujet + *be going to* + base verbale Sujet + présent en *be* + *-ing*	*Will* + sujet + base verbale *Be* + sujet + *going to* + base verbale Présent de *be* + sujet + verbe + *-ing*
Forme négative	She'll come. Will she come? She won't come. She is going to come. Is she going to come? She is not going to come. She is coming. Is she coming? She is not coming. *Elle viendra. Viendra-t-elle ? Elle ne viendra pas.*
Sujet + *won't* + base verbale Sujet + *be* + *not* + *going to* + base verbale Sujet + présent de *be* + *not* + verbe + *-ing*	

❹ Utilise les éléments pour exprimer de trois manières l'action à venir.
Exemple : Benny / take / the tube.
→ 1. Benny will take the tube. 2. Benny is going to take the tube. 3. Benny is taking the tube.

a. I / have / lunch with my mother.

1. .... 2. .... 3. ....

b. We / leave / early.

1. .... 2. .... 3. ....

c. They / travel / by train.

1. .... 2. .... 3. ....

Exercices d'entraînement

1 **Complète les phrases suivantes avec les mots de la liste ci-dessous.**
fare - take - train - change - station - guard - get

a. Hurry up! The .... is coming.

b. I don't know where we must ....
Let's ask the ....

c. How much is the ....?

d. How can I .... to Waterloo ....?

e. Let's .... a seat!

2 **Indique dans les crochets quelle situation à venir évoquent les phrases du dialogue ci-dessous.**
A : une action inévitable, B : une décision prise sur le champ, C : une décision mûrement réfléchie, D : une action à venir planifiée.

a. Julia — Mum, I'm having a tennis lesson this afternoon. [...] Can I take the bus to the club?
Julia's mother — No, I'm sorry Julia, but you're not old enough to travel alone.

b. Julia — But Mum! I'm a big girl now. I'll be 10 years old next month. [...]

c. Mrs Rogers — I know darling, but buses aren't safe these days. Dad will take you to the club. [...]

d. Mr Rogers — Sorry, dear. There's something wrong with the car. I'm going to take it to the garage. [...]

e. Mrs Rogers — All right, I'll take the bus with you. [...]

3 **Traduis en anglais la phrase en gras en t'aidant de l'élément de contexte donné entre crochets.**

a. [Tu t'aperçois que tu as manqué ton bus.] **Je vais prendre le métro.**

....

b. [Tu veux qu'un voyageur te laisse passer.] **Je descends à la prochaine station.**

....

c. [Tu interroges un camarade.] **Viendras-tu au cours de tennis la semaine prochaine ?**

....

d. **Mon bus aura une heure de retard.**

....

e. [Tu oublies l'anniversaire de ta maman.] **Mon père sera furieux** *(furious)*.

....

4 **Regarde la BD et les textes ci-dessous. Écris le numéro de chaque phrase dans l'image qui lui correspond.**

1. Julia, you're late again. That's enough. I'll phone your mother.
2. Oh dear, the bus is 20 minutes late. The teacher will be angry.
3. You're right. Let's take the tube!

5 *Écoute* Piste 68 **Écoute le dialogue piste 68 et coche les phrases correspondant à ce que tu as entendu.**

a. Grandad will watch a football match on television. ☐

b. Grandad wants to take the underground to get to Wembley. ☐

c. Mr Rogers thinks his father is too old to go to Wembley by tube. ☐

d. Grandad will go to the match by car with Mr Rogers. ☐

61

15 How much can you give?

Combien peux-tu donner ?

C'est la fête des mères !

Julia — It's Mother's Day tomorrow. We must buy Mummy a present. How much can you give?

Julia — C'est la fête des mères, demain. Nous devons acheter un cadeau à Maman. Combien peux-tu donner ?

Benny — Not much Julia. I've only got fifty pence.

Benny — Pas beaucoup, Julia. Je n'ai que cinquante pence.

Julia — But what did you do with the ten pounds Grandad gave you for your birthday?

Julia — Mais qu'as-tu fait des dix livres que Grand-Père t'a données pour ton anniversaire ?

Benny — Well, I bought Lily Allen's new CD.

Benny — Eh bien, j'ai acheté le nouveau CD de Lily Allen.

❶ **RIGHT OR WRONG?** Réécoute la piste 69 de ton CD et regarde ta BD, puis entoure R si l'affirmation est vraie, W si elle est fausse.

a. Julia wants to buy a present for her mother's birthday. .... R W

b. Benny can't give Julia much money. .... R W

c. Grandad gave the children ten pounds each for their birthday. .... R W

d. Benny bought his mother a CD for Mother's Day. .... R W

Vocabulaire et expressions

Numbers : les nombres / **Money** : l'argent /
British money : la monnaie anglaise

Les nombres

0 zero	11 eleven	21 twenty-one	30 thirty
1 one	12 twelve	22 twenty-two	40 forty
2 two	13 thirteen	23 twenty-three	50 fifty
3 three	14 fourteen	24 twenty-four	60 sixty
4 four	15 fifteen	25 twenty-five	70 seventy
5 five	16 sixteen	26 twenty-six	80 eighty
6 six	17 seventeen	27 twenty-seven	90 ninety
7 seven	18 eighteen	28 twenty-eight	100 one hundred
8 eight	19 nineteen	29 twenty-nine	200 two hundred
9 nine	20 twenty		
10 ten			

L'argent / La monnaie anglaise

bank notes billets   coins pièces   change la monnaie (celle que l'on rend)
euro euro   to cost coûter   to sell vendre   to buy acheter
to pay payer   to give change back rendre la monnaie

La monnaie anglaise est la Livre. Son symbole est £ et se place avant la somme.
£12 : twelve pounds
one pound une livre   one penny un penny
two pence deux pence (pluriel de penny)   100 pence = one pound

Il existe des **billets** de 5, 10, 20 et 50 livres. Il existe des **pièces** de 1 penny, 2, 5, 10, 20 et 50 pence et de 1 et 2 livres.

Quelques expressions

How much is this CD? Combien coûte ce CD ?
It's six pounds twenty-four pence. Il coûte six livres et vingt-quatre pence.
How much do these books cost? Combien coûtent ces livres ?
They cost five pounds each. Ils coûtent cinq livres pièce.
Have you got any change? Avez-vous de la monnaie ?
A special offer. Une promotion.

---

❷ **Relie les nombres équivalents.**

a. 7 + 3
b. 10 × 3
c. 70 + 6
d. 9 + 8
e. 90 + 3

1. seventeen
2. thirty
3. ten
4. ninety-three
5. seventy-six

❸ **Écris les nombres suivants en toutes lettres.**

a. 42 ....
b. 800 ....
c. 19 ....
d. 53 ....
e. 12 ....

Grammaire
How much et How many

Écoute et répète — Piste 71

How much et **how many** servent à poser des questions sur une quantité.

How much
How much est toujours suivi d'une **quantité indénombrable**, c'est-à-dire qui désigne quelque chose que l'on ne peut pas compter. Ce mot est toujours **au singulier**.
- How much time have you got? *Combien de temps as-tu ?*

How much sert en particulier à **demander combien coûte quelque chose**.
- How much is this dress in the window? *Combien coûte cette robe dans la vitrine ?*

How many
How many est toujours suivi d'une **quantité dénombrable**, c'est-à-dire qui désigne quelque chose que l'on peut compter. Ce mot est toujours **au pluriel**.
- How many sweets did you buy? *Combien de bonbons as-tu achetés ?*
- How many sisters have you got? *Combien de sœurs as-tu ?*

---

4 Complète les phrases avec *how many* ou *how much*.

a. .... did you pay for that new sweater?
b. .... friends did you take to Cynthia's party?
c. .... bread do you eat at breakfast?
d. .... pages does this website have?
e. .... did your father's new car cost?
f. .... money did Grandad give you?

5 *Écoute* — Piste 72. Écoute les phrases sur le CD, piste 72, et pose la question correspondante avec *how much* ou *how many*. Dans ta question, veille à employer le même temps que dans la réponse que tu entends.

Exemple : .... → How much does it cost?

a. .... ?
b. .... ?
c. .... ?
d. .... ?
e. .... ?

Exercices d'entraînement

1 Écris les nombres en toutes lettres.

a. 8 ....
b. 20 ....
c. 14 ....
d. 18 ....
e. 97 ....
f. 31 ....

2 Demande le prix de chaque objet ou groupe d'objets.
Exemples : How much is this shirt?
How much are these carrots?

a. ....
b. ....
c. ....
d. ....
e. ....

3 *Écoute* Piste 73 Écoute les sommes sur le CD, piste 73, et entoure le numéro du dessin correspondant.

a. 1. 2. 3.
b. 1. 2. 3.
c. 1. 2. 3.

4 Indique si chaque mot suivant est dénombrable (D) ou indénombrable (I) et traduis-le.

	D	I	Traduction
a. change	☐	☐	....
b. skirt	☐	☐	....
c. pound	☐	☐	....
d. bread	☐	☐	....
e. book	☐	☐	....
f. water	☐	☐	....

5 Change given? Écris en toutes lettres la somme que l'on doit rendre.

a. ....
....
b. ....
....
c. ....
....
d. ....
....

6 *Écoute* Piste 74 Écoute le dialogue sur le CD, piste 74, et coche les phrases correspondant à ce que tu as entendu.

a. Benny hasn't got any jeans. ☐
b. Benny's jeans are too small for him. ☐
c. Mrs Rogers bought Benny a pair of jeans last winter. ☐
d. Benny had a pair of jeans last autumn. ☐
e. The jeans on special offer cost fifteen pounds. ☐
f. Mr Rogers wants some new jeans too. ☐

16 It's warmer in Italy!

Les comparatifs – Le superlatif de supériorité

Il fait plus chaud en Italie !

Des vacances au soleil ?

Écoute Piste 75

— Children, where shall we go for the holidays?
— What about the Lake District?

— Oh no Mum, it's boring there. Why don't we go to Torquay?
— It's more pleasant for young people.

Mrs Rogers — Les enfants, où allons-nous aller en vacances ? Que diriez-vous du Lake District ?

Benny — Oh non, Maman, on s'ennuie là-bas. Pourquoi n'allons-nous pas à Torquay ? C'est plus agréable pour les jeunes.

— Let's go to Italy.
— It's warmer than in England and the beaches are more beautiful too!

— Hello everybody!
— I've won a free week in Norway.
— Isn't it the most beautiful country in the world?

Julia — Allons en Italie. Il y fait plus chaud qu'en Angleterre et les plages sont plus belles aussi !

Mr Rogers — Bonjour tout le monde ! J'ai gagné une semaine gratuite en Norvège. N'est-ce pas le plus beau pays du monde ?

❶ RIGHT OR WRONG? Réécoute la piste 75 de ton CD et regarde ta BD, puis entoure R si l'affirmation est vraie, W si elle est fausse.

a. Benny thinks Torquay is not as boring as the Lake District. .... R W

b. Mrs Rogers thinks the Lake District is more exciting for young people. .... R W

c. Julia prefers Italy because the weather is better than in England. .... R W

d. Mr Rogers has bought a week in Norway. .... R W

Vocabulaire et expressions
The summer holidays : les vacances d'été

La mer et la montagne

a beach une plage	water de l'eau	the sea la mer
the seaside le bord de mer	the tide la marée	a wave une vague
sand du sable	a sandcastle un château de sable	
sun cream de la crème solaire	a swimming costume un maillot de bain	
swimming trunks un caleçon de bain		a lifeguard un maître nageur
a speedboat un hors-bord	a sailing boat un voilier	a tent une tente
a mountain une montagne	the country la campagne	the weather le temps

Le temps et les activités

warm chaud (chaleur agréable)	hot (très) chaud	cool frais
cold froid	sunny ensoleillé	cloudy nuageux
windy venteux	expensive cher	cheap bon marché
to swim (swam, swum) nager	to dive plonger	to paddle patauger
to lie (lay, lain) être allongé	to sunbathe prendre un bain de soleil	
to climb grimper	to camp camper	

Quelques expressions

Let's go for a swim! Allons nous baigner !
How about an ice-cream? Que dirais-tu d'une glace ?
The sea is rough. La mer est mauvaise.
Let's pitch our tent here! Plantons notre tente ici !

---

2 Écoute les dialogues sur le CD, piste 77, et coche la phrase correspondant à chaque situation.

a. 1. ❏ Benny can't go swimming today because it's dangerous.
   2. ❏ Benny must go swimming today because the sea is rough.
   3. ❏ Benny can go swimming today because the sea is calm.

b. 1. ❏ Mr Rogers prefers Corsica because it's not expensive there.
   2. ❏ Mr Rogers thinks the weather in Corsica is nice.
   3. ❏ Mrs Rogers prefers Corsica because it's cheap there.

c. 1. ❏ Julia doesn't want to go swimming today.
   2. ❏ Benny thinks the water's cold today.
   3. ❏ Julia doesn't like swimming.

3 Remets les mots dans l'ordre pour former des phrases correctes.

a. yesterday / that / John / mountain / climbed / , ...
b. put / swimming costume / ? / Where / you / did / your ....
c. the / Alps / We / tent / French / pitched / our / in ....
d. ! / forget / Don't / swimming trunks / your ....

Grammaire
Les comparatifs – Le superlatif de supériorité

Écoute et répète — Piste 78

Le comparatif et le superlatif de supériorité
• Avec un **adjectif court** (1 ou 2 syllabes)
Comparatif : *adjectif* + *-er* + *than*
🔊 It's warmer in Italy than in England. Il fait plus chaud en Italie qu'en Angleterre.
Superlatif : *the* + *adjectif* + *-est*
🔊 The Vatican is the smallest country in the world. Le Vatican est le plus petit pays du monde.
• Avec un **adjectif long** (2 syllabes ou plus)
Comparatif : *more* + *adjectif* + *than*
🔊 Torquay is more exciting than the Lake District. Torquay est plus excitant que le Lake District.
Superlatif : *the* + *most* + *adjectif*
🔊 This is the most interesting brochure about Switzerland.
C'est la brochure la plus intéressante sur la Suisse.

Le comparatif d'infériorité
Less + *adjectif* + *than*
🔊 Benny is less organised than Julia. Benny est moins organisé que Julia.

Les comparatifs d'égalité et d'inégalité
• Comparatif d'**égalité** : *as* + *adjectif* + *as*
🔊 Is Spain as beautiful as Italy? Est-ce que l'Espagne est aussi belle que l'Italie ?
• Comparatif d'**inégalité** :
not as + *adjectif* + *as*   ou   *not so* + *adjectif* + *as*
France isn't as far as Spain. La France n'est pas aussi loin que l'Espagne.
🔊 It isn't so warm in England as in Greece. Il ne fait pas aussi chaud en Angleterre qu'en Grèce.

Deux comparatifs et superlatifs irréguliers
Good (bien, bon) → *better* (mieux, meilleur) → *the best* (le mieux, le meilleur).
🔊 The food is better in Italy. La nourriture est meilleure en Italie.
🔊 Bob is the best swimmer I know. Bob est le meilleur nageur que je connaisse.
Bad (mal, mauvais) → *worse* (pire) → *the worst* (le pire, le plus mauvais).
🔊 The weather is worse in Ireland. Le temps est pire en Irlande.
🔊 Benny wrote the worst essay in the class. Benny a écrit la plus mauvaise rédaction de la classe.

4 Observe les dessins et complète les phrases avec un comparatif de supériorité ou d'infériorité. Sers-toi des mots proposés dans la liste ci-dessous.
deckchair – sailing boat – rock – fast – comfortable – speedboat
Exemple : Julia is .... at Maths ...... Benny. → Julia is **better** at Maths **than** Benny.

a. < A .... is .... than a ....

b. > A .... is .... than a ....

Exercices d'entraînement

1 Choisis le comparatif correct pour compléter les phrases.

a. Julia's swimming costume is .... Cynthia's.

❏ more cheap than   ❏ cheaper as   ❏ cheaper than

b. Yesterday, the weather was .... today.

❏ worse than   ❏ worse as   ❏ as worse as

c. It is .... in Spain .... in England.

❏ as sunny … than   ❏ more sunny … than   ❏ less sunny … as

d. My sandcastle is .... yours.

❏ bigger than   ❏ as bigger as   ❏ less big as

e. Hotels in Greece are usually .... in England.

❏ as expensive than   ❏ less expensive than   ❏ so expensive as

2 Traduis les phrases que tu as obtenues à l'exercice 1.

a. ....
....
b. ....
....
c. ....
....
d. ....
....
e. ....
....

3 Complète les phrases avec le comparatif indiqué.

a. My ice-cream is (good) .... yours. *(supériorité)*

b. Camping is certainly (expensive) .... a hotel. *(infériorité)*

c. Benny doesn't swim (well) .... his sister. *(égalité)*

d. The weather was (cloudy) .... yesterday .... today. *(supériorité)*

e. The waves were (high) .... in Spain .... in France. *(supériorité)*

4 Récris les phrases en utilisant un superlatif.
Exemple : Julia is a very **intelligent** girl.
She .... **in her class.**
→ She's **the most intelligent girl** in her class.

a. It's a very cheap fast food restaurant.
It .... in Brighton.

b. Gyp is a very nice dog.
He's .... I know.

c. My cousins are good football players.
They .... in their team.

d. It was a bad experience.
It .... in my life.

e. This road is very dangerous.
It .... in the town.

5 Écoute Piste 79 — Écoute le dialogue sur le CD, piste 79, puis lis le résumé ci-dessous. Trois affirmations sont fausses : souligne-les.

Benny and Julia are looking at a lifeguard at the swimming pool. Julia thinks he is new because he is taller and has shorter hair. Benny wants to talk to him. Julia thinks it's a good idea.

69

17 What happened, Dad?

Le prétérit avec be + V-ing - Les questions en u...

Que s'est-il passé, papa ?

Écoute Piste 80

Grand-père et le scooter !

Mr Rogers — Que s'est-il passé, papa ? Tu vas bien ?
Je regardais les infos quand l'hôpital m'a appelé.

Grand-père — Je vais bien, merci. Je traversais Oxford Street quand cet idiot sur son scooter m'a renversé.

Mr Rogers — Quand cela est-il arrivé ?
Qui t'a amené ici ?

Grand-père — C'est arrivé il y a deux heures. Heureusement, un agent de police passait par là et a appelé une ambulance.
Et maintenant je suis là !

❶ **RIGHT OR WRONG?** Réécoute la piste 80 de ton CD et regarde ta BD, puis entoure R si l'affirmation est vraie, W si elle est fausse.

   a. Mr Rogers called the hospital when he heard the news. .... R W

   b. Grandad was knocked down by a scooter in Oxford Street. .... R W

   c. An ambulance took Grandad to the hospital. .... R W

   d. A policeman was passing by when the accident happened. .... R W

Vocabulaire et expressions

Accidents and emergency services : les accidents et les services d'urgence

Les accidents de la circulation
traffic la circulation   a car accident un accident de voiture   a car crash un accident de voiture
a hazard un danger   a casualty une victime
to knock down someone renverser quelqu'un   a police constable un agent de police

Les incendies et les pompiers
a fire un incendie   a fireman un pompier   the fire brigade les pompiers
a fire engine une voiture de pompier   a fire station une caserne de pompiers
a fire alarm une alarme d'incendie   smoke de la fumée

Les services d'urgence
an emergency number un numéro d'urgence   the paramedics le SAMU
a wheelchair un fauteuil roulant   a stretcher un brancard
unconscious inconscient
wounded blessé   hurt blessé   injured blessé
to call appeler

Quelques expressions
I need help. J'ai besoin d'aide.   There is an emergency. Il y a une urgence.
There's been an accident. Il y a eu un accident.   My house is on fire. Ma maison est en feu.
Call 999 for help. Appelez le 999 en cas d'urgence.

2 Écoute ton CD piste 82 et indique à quelle situation renvoient les phrases. Coche la case correspondante.
A: Un accident de la circulation B: Un incendie
C: Un accident domestique D: Une personne malade

a. ☐ A   ☐ B   ☐ C   ☐ D
b. ☐ A   ☐ B   ☐ C   ☐ D
c. ☐ A   ☐ B   ☐ C   ☐ D
d. ☐ A   ☐ B   ☐ C   ☐ D

3 Remets les mots dans l'ordre pour former des phrases correctes.

a. me / Manchester / I / when / driving / stopped / was / to / police / the
....
b. 999 / Always / help / call / for ....
c. you / ? / doing / What / when / phoned / were / I
....
d. start / alarm / When / ? / fire / the / did ....
e. ? / were / accident / the / happened / doing / when / you / What
....

Grammaire

Le prétérit avec *be* + V-*ing* – Les questions en *wh*-

Le prétérit avec *be* + V-*ing*

Formation
On forme le prétérit avec *be* + V-*ing* **en employant l'auxiliaire *be* conjugué à l'imparfait suivi de la base verbale du verbe + -*ing***.
- I was going to the doctor's. J'allais chez le médecin.
- Were you doing your homework? Étais-tu en train de faire tes devoirs ?
- They weren't talking to us. Ils ne nous parlaient pas.

Emploi
On emploie le prétérit avec *be* + V-*ing* pour parler d'**une action passée qui était en train de se dérouler** et **qui n'était pas terminée**. Il se traduit par un **imparfait** en français.
At 10 o'clock yesterday, I was watching a football match. À 22h hier, je regardais un match de football à la télévision.
On utilise aussi le prétérit avec *be* + V-*ing* pour parler d'**une action en cours dans le passé, interrompue par un événement exprimé au passé simple**.
- Benny was playing [action en cours] in the garden when Cynthia arrived [événement].
Benny jouait dans le jardin quand Cynthia arriva.

Les questions en *wh*-

- On les appelle questions en *wh*- parce qu'elles commencent par un pronom interrogatif en *wh*- comme **when** (quand), **where** (où), **who** (qui), **why** (pourquoi), **what** (que, quoi)…
- **Construction : pronom + auxiliaire + sujet + base verbale**
- Where did you see the fire brigade? Où as-tu vu les pompiers ?
- When will Mary be a policewoman? Quand Mary sera-t-elle policière ?
- Quand *who* et *what* sont **sujets**, le verbe conjugué suit directement le pronom interrogatif.
- Who called 999? Qui a appelé le 999 ?
What made that noise? Qu'est-ce qui a fait ce bruit ?

---

❹ Conjugue les verbes entre parenthèses au prétérit avec *be* + V-*ing*.

a. Grandad (to cross) the street when he saw Julia. ....

b. Mr Rogers (to sleep) in the living-room when the telephone rang. ....

c. It began to rain when Grandad (to work) in the garden. ....

❺ Pose la question correspondant à la partie de la réponse en gras en utilisant un pronom en *wh*-.
Exemple : They do their homework **in the afternoon**. → **When** do they do their homework?

a. Tommy had a car accident **in Market street**. ....

b. We called the paramedics **because the man was injured in the car crash**. ....

c. Grandad **was shopping in London** on the day of the accident. ....

d. **The fireman** took the wounded boy to the ambulance. ....

Exercices d'entraînement

1 Forme des phrases pour expliquer ce que chaque personne faisait au même moment de la journée.
Exemple : Granda (read) in the living-room.
→ Grandad was reading in the living-room.

a. Benny (have) a geography paper at school.
....

b. Cynthia and Julia (play) in the attic.
....

c. I (listen) to a concert on the radio.
....

2 Prétérit simple ou prétérit avec *be* + V-*ing* ? Choisis la forme correcte.
Exemple : The telephone (ring) when Benny (work) in his room.
→ The telephone rang when Benny was working in his room.

a. Cynthia (take) a picture of Julia when she (make) a cake in the kitchen.
....
....

b. What (you - do) when the fire brigade (arrive)?
....
....

c. Mr Rogers and his wife (play) tennis when the accident (happen).
....
....

d. Grandad (hear) the police siren when he (read) in bed.
....
....

e. (you - do) your homework when I (call)?
....

3 Traduis les phrases que tu as obtenues à l'exercice 2.

a. ....
....
b. ....
....
c. ....
....
d. ....
....
e. ....

4 Complète les phrases par le pronom interrogatif en *wh-* qui convient.
Exemple : .... did you see in the wheelchair?
→ Who did you see in the wheelchair?

a. .... was Benny going when you saw him?
b. I don't understand; .... made you think that stupid thing?
c. .... do you usually go to the swimming pool?
d. .... opened the door for you?
e. .... did you call an ambulance? Nobody was injured in this car crash.

5 *Écoute* Piste 84 Écoute le dialogue sur ton CD piste 84, puis coche les phrases qui correspondent à ce que tu as entendu.

a. Mrs Rogers doesn't want to hear about Julia's problem. ❒
b. Julia thinks Benny is more stupid now. ❒
c. Benny wanted to help Julia with her math lesson. ❒
d. Julia's cup of tea fell on her French exercise. ❒
e. Mrs Rogers is sorry for her daughter. ❒

18 Happy birthday, Mum!

Exprimer des conseils et des suggestions

Bon anniversaire maman !

Une idée de cadeau !

Écoute — Piste 85

> We must find Mummy a nice present for her birthday.
> What shall we buy her? What about a blue cardigan?

Julia — Il faut que nous trouvions un joli cadeau à maman pour son anniversaire. Qu'allons-nous lui acheter ? Si on prenait un gilet bleu ?

> Great idea! The women's fashion department is on the third floor.
> Why don't we take that lift? It'll be quicker.

Benny — Super idée ! Le rayon de la mode pour femmes est au troisième étage. Pourquoi ne prenons-nous pas cet ascenseur ? Ça ira plus vite.

> We could buy this one, couldn't we? It's not too expensive and it's her size. Let's take it to the cash desk.

Julia — Nous pourrions acheter celui-ci, non ? Il n'est pas trop cher et c'est sa taille. Portons-le à la caisse.

> Hello, children. What do you think of my new cardigan?
> Nice isn't it?

Mrs Rogers — Bonjour les enfants. Que pensez-vous de mon nouveau gilet ? Pas mal, hein ?

---

❶ RIGHT or WRONG? Réécoute la piste 85 de ton CD et regarde ta BD, puis entoure R si l'affirmation est vraie, W si elle est fausse.

a. Benny and Julia are looking for a birthday present for their mother. .... R W

b. Benny doesn't want to take the lift. .... R W

c. Julia thinks the cardigan is her mother's size, but it is too expensive. .... R W

d. The children think Mrs Rogers won't be pleased with their present. .... R W

74

Vocabulaire et expressions
A department store : un grand magasin

Dans les grands magasins
a department un rayon
men's fashion la mode pour hommes
women's fashion la mode pour femmes
kid's fashion la mode pour enfants
underwear les sous-vêtements
fabrics tissus
curtains rideaux
electrical appliances appareils électriques
toys jouets
stationery papeterie
kitchen items ustensiles de cuisine
housewares articles ménagers
a floor un étage
the ground floor le rez de chaussée
the basement le sous-sol
a lift un ascenseur
an escalator un escalator
the way in l'entrée
the exit la sortie
a fire exit une sortie de secours

Quelques grands magasins britanniques : Selfridge's – Marks and Spencer – C&A – Debenhams – Liberty – British Home Stores

Acheter et vendre
a customer un client
an assistant un vendeur/une vendeuse
sales les soldes
expensive cher
cheap bon marché
to buy (bought, bought) acheter
to sell (sold, sold) vendre
to change échanger
to choose (chose, chosen) choisir
to enquire se renseigner
to try on essayer un vêtement
fashionable à la mode
out of fashion démodé
stylish chic

Quelques expressions
It's on the fifth floor. C'est au cinquième étage.
What size do you take? Quelle taille faites-vous ?
It's on special offer. C'est en promotion.
Can I try it on? Puis-je l'essayer ?
How would you like to pay? Comment voulez-vous payer ?
By cash or credit card? En espèces ou par carte de crédit ?
Can I write a cheque? Puis-je faire un chèque ?

---

❷ Julia a des courses à faire dans un grand magasin. Écris sous chaque dessin le nom du rayon où elle trouvera l'article représenté.

a. .... b. .... c. .... d. .... e. ....

❸ Remets les mots dans l'ordre pour former des phrases correctes.

a. ? / jumper / a / buy / don't / more / stylish / Why / you. ....
b. assistant / ask / the / Let's ....
c. we / department / Shall / ? / the / take / toy / lift / to / the ....
d. basement / is / the / stationery / in / department / The ....
e. card / ? / by / pay / I / credit / Can ....

Grammaire
Exprimer des conseils et des suggestions

Exprimer un conseil

Should + BV
You should take a smaller size. Tu devrais prendre une taille plus petite.

Ought to + BV
We ought to try it on. Nous devrions l'essayer.

Exprimer une suggestion

Shall I + BV + ? et *Shall we* + BV + ?
Shall I carry that bag for you? Veux-tu que je porte ton sac à ta place ?
Shall we go to the toy department? On va au rayon des jouets ?

Why don't + sujet + BV + ?
Why don't we try another store? Pourquoi n'essayons-nous pas un autre magasin ?

Why not + BV + ?
Why not ask that assistant? Pourquoi ne pas demander à cette vendeuse ?

Sujet + *could* + BV
You could choose something cheaper. Tu pourrais choisir quelque chose meilleur marché.

Let's + BV
Let's have a look on the second floor. Regardons au deuxième étage.

4 Écoute les cinq phrases sur le CD, piste 88 et indique si tu entends un conseil ou une suggestion en cochant la bonne réponse.

a. Conseil ☐ Suggestion ☐
b. Conseil ☐ Suggestion ☐
c. Conseil ☐ Suggestion ☐
d. Conseil ☐ Suggestion ☐
e. Conseil ☐ Suggestion ☐

5 Reformule les phrases, sans en modifier le sens, en utilisant une tournure équivalente.
Exemples : You should buy something nicer. → You ought to buy something nicer.
Shall I try this skirt on? → I could try this skirt on.

a. Cynthia! Why not choose a nice pair of jeans? ....
b. They ought to look at that special offer. ....
c. We could pay by credit card. ....
d. Why doesn't he change that shirt? ....
e. Let's buy it. ....

Exercices d'entraînement

❶ Complète les phrases avec une expression de suggestion ou de conseil.
Exemple : I'm tired; maybe we ………. have a cup of tea in the cafeteria.
→ I'm tired; maybe we could have a cup of tea in the cafeteria.

a. I need a new skirt. ………. not go to Marks and Spencer's now?

b. Your gloves are very old. Why ………. you choose some new ones?

c. It's very hot in this room; ……. I open the window?

d. Dave can't walk very well; he ………. to see a doctor.

e. I like this jumper; ………. buy it!

❷ Écoute — Piste 89 Écoute le dialogue sur ton CD, piste 89, puis coche les phrases qui correspondent à ce que tu as entendu.

a. Benny knows where the microwaves are. ❒
b. Mrs Rogers likes clothes better than kitchen items. ❒
c. Benny thinks they could go to Debenham's to buy their mother a dress. ❒
d. Julia thinks it isn't a good idea. ❒
e. Maybe Mr Rogers will help Julia and Benny with the money. ❒

❸ Réécris les phrases en utilisant une autre expression exprimant une suggestion.
Exemple : Why not go shopping tomorrow?
→ We could go shopping tomorrow.

a. Let's look at the perfumes.
……………………………………………………………

b. They could pay by cheque.
……………………………………………………………

c. Shall we change that toy?
……………………………………………………………

b. Why don't you try that skirt on?
……………………………………………………………

❹ Regarde les dessins et écris ce que chaque personnage pourrait ou devrait faire pour sortir de son embarras. Tu ne peux pas utiliser deux fois la même expression.

Exemple :
Mr Rogers : Benny, you (work more at school)!
→ Benny, you should work more at school!

a. (buy a new pair of jeans)
I ……………………………………….

b. (phone the police)
Mr Rogers …………………………………….

c. (ask Dad)
Why …………………………… ?

d. (take a taxi)
……………………………………….

e. (call the doctor)
Why ………………… ?

19 Photos are not allowed!

Le prétérit de have - Les périphrases moda

Les photos ne sont pas autorisées !

Benny est hors-jeu !

Écoute Piste 90

Julia — Let's visit the Renaissance gallery. I've got to write a paper about Michelangelo.

Julia — Visitons la galerie de la Renaissance. Je dois faire un devoir sur Michel-Ange.

Benny — Oh, I know him! He played with the Juventus, but he had to leave for Manchester United.

Benny — Oh, je le connais. Il jouait à la Juventus mais il a dû partir pour Manchester United.

Julia — Why do you have to be so stupid? Michelangelo was a painter, not a footballer!

Julia — Pourquoi faut-il que tu sois si stupide ? Michel-Ange était un peintre, pas un joueur de football !

Julia — Benny, don't! Photos are not allowed in the museum!

Benny — All right Julia. You don't have to shout.

Julia — Benny, arrête ! Les photos ne sont pas autorisées dans le musée.
Benny — D'accord, Julia. Ce n'est pas la peine de crier.

❶ **RIGHT OR WRONG?** Réécoute la piste 90 de ton CD et regarde ta BD, puis entoure R si l'affirmation est vraie, W si elle est fausse.

a. Julia wants to see the Renaissance paintings. .... R W

b. Benny knows Michelangelo isn't a footballer. .... R W

c. Benny is allowed to take photos in the museum. .... R W

d. Benny asks Julia to be quiet. .... R W

Vocabulaire et expressions
Museums : les musées

Dans les musées
a gallery une galerie — an exhibition une exposition — a display une présentation
a cabinet une vitrine — the studio l'atelier
the curator le conservateur — free admission entrée gratuite — the information desk les renseignements
a guided tour une visite guidée — an audio guide un audio-guide
the gift shop la boutique — the cloakroom le vestiaire

Quelques grands musées de Londres : The National Gallery – The British Museum – The Tate Gallery – The Tate Modern Gallery – The Science Museum

Quelques grands musées américains : The Metropolitan Museum of Art (New York) – Museum of Modern Art (MOMA, New York) – The Smithsonian National Air and Space Museum (Washington) – The Museum of Fine Arts (Boston)

Les œuvres d'art
an artwork une œuvre d'art — a masterpiece un chef d'œuvre — a figure un personnage
a painting un tableau — a drawing un dessin — sculpture la sculpture
a statue une statue — architecture l'architecture — a tapestry une tapisserie
talented talentueux — gifted doué
to create créer — to design concevoir — to depict représenter
to complete terminer — to achieve réaliser

Quelques expressions
The museum houses a wonderful exhibition. Le musée abrite une merveilleuse exposition.
It isn't a very good likeness. Ça n'est pas très ressemblant.

❷ **Remets les mots dans l'ordre pour former des phrases correctes.**

a. be / museum / We've / before / o'clock / got / three / to / the / at ....
b. is / masterpiece / a / This / wonderful / painting ....
c. to / gallery / You / the / allowed / in / shout / aren't ....
d. painter / Turner / very / was / talented / a ....
e. cloakroom / ? / we / the / Do / coats / have / in / leave / to / our ....

❸ **Relie chaque outil au type d'œuvre que l'on peut réaliser avec.**

a.   b.   c.   d.

1. a statue   2. a drawing   3. a tapestry   4. a painting

Grammaire
Le prétérit de *have* - Les périphrases modales

Le prétérit de *have*
Le prétérit de **have** est **had** à toutes les personnes.
- I had to pay £8 to get in. J'ai dû payer 8 livres pour entrer.
- I had a free admission ticket for the exhibition. J'ai eu une entrée gratuite pour l'exposition.

Les périphrases modales
Les périphrases modales s'emploient à la place des modaux.

L'obligation
• **Have to** s'emploie à tous les temps pour exprimer une obligation imposée par une autorité extérieure.
- They have to walk back home. Ils doivent rentrer à pied chez eux. (Il n'y a pas de transport en commun.)
- We had to stop smoking. Nous avons dû cesser de fumer. (C'est le règlement.)

• **Don't have to** s'emploie à tous les temps pour exprimer l'absence d'obligation.
- You don't have to run; we aren't late. Tu n'as pas besoin de courir ; nous ne sommes pas en retard.
- You won't have to wait. There aren't many people. Tu n'auras pas à attendre. Il n'y a pas grand monde.

• **Have got to** s'emploie uniquement au présent. Il indique une obligation urgente.
- I've got to go now. Je dois partir maintenant.
- Have I got to do it today? Est-ce que dois le faire aujourd'hui ?

L'autorisation
Be allowed to s'emploie à tous les temps pour exprimer l'autorisation.
- Are we allowed to take photos? Sommes-nous autorisés à prendre des photos ?
- I wasn't allowed to use my mobile. Je n'ai pas eu le droit d'utiliser mon portable.

La capacité
Be able to s'emploie à tous les temps pour exprimer la capacité.
- Will you be able to do the same drawing? Seras-tu capable de faire le même dessin ?

---

4 Écoute ton CD piste 93 et coche le sens qui correspond à chaque phrase.

Écoute l'exemple. → 1. Il était interdit d'entrer. ☐
2. Ils ont dû payer pour entrer. ☐
3. Ils n'ont pas eu besoin de payer pour entrer. ☑

a. 1. Il est interdit de manger dans la galerie. ☐
2. Il est permis de manger dans la galerie. ☐
3. Il n'est pas nécessaire de manger dans la galerie. ☐

b. 1. Ils ont dû payer pour voir l'exposition. ☐
2. Ils devront payer pour voir l'exposition. ☐
3. Ils n'ont pas à payer pour voir l'exposition. ☐

c. 1. Ils n'ont pas trouvé le chemin du musée. ☐
2. Ils sauront trouver le chemin du musée. ☐
3. Ils ont trouvé le chemin du musée. ☐

d. 1. Ils n'ont pas pu entrer au musée qui était fermé. ☐
2. Ils ont dû repartir car le musée était fermé. ☐
3. Ils doivent partir car le musée va fermer. ☐

Exercices d'entraînement

1 Complète les phrases avec la périphrase modale qui convient. Attention : utilise le bon temps !

Exemple : David, it's half past two; we .... go now, or we'll be late for the exhibition!
→ […] we've got to go now, or we'll be late for the exhibition!

a. I'm sorry, miss, but dogs .... in the museum.

b. We didn't know where the impressionists gallery was; we .... ask someone at the information desk.

c. Don't worry; we .... to leave before 9 tomorrow. The exhibition opens at 10 o'clock.

d. Sorry! Smoking .... in the museum.

e. She won't .... to be there on time.

2 Traduis les phrases que tu as obtenues à l'exercice 1.

a. ....
....

b. ....
....

c. ....
....

d. ....
....

e. ....
....

3 Regarde les dessins et écris ce que les personnages sont obligés de faire ou ce qu'ils ont ou non le droit de faire.

Exemple : (do his math exercise)
→ Benny has got to do his math exercise.

a. (go to work) Mr Rogers .... on Sundays.

b. (stay) Grandfather .... in bed.

c. (park) Mrs Rogers .... here.

4 *Écoute* Piste 94 Écoute ton CD piste 94 et reformule chacune des phrases de Mrs Rogers avec une périphrase modale.
Écoute l'exemple → **Julia has got to put her rabbit in the garden**.

a. Benny .... leave his school bag in the living-room.

b. Benny and Julia .... go shopping with their parents.

c. Julia .... go to the swimming pool.

d. Mr Rogers .... buy that DVD.

e. Julia and Benny .... pay to get in the museum this afternoon.

20 Daddy looked cool!

Papa avait l'air cool !

Les pronoms rela...

Les cheveux de papa !

Écoute Piste 95

— Who's the lady that is standing next to you, Grandad?
— Ah, that's your grandmother; she was a marvellous wife!

Benny — Qui est la dame qui se tient à côté de toi, grand-père ?
Grand-père — Ah, c'est ta grand-mère. C'était une épouse merveilleuse.

— And the young man who looks like daddy?
— This is uncle Geoff, your father's brother who lives in Exmouth.

Benny — Et le jeune homme qui ressemble à papa ?
Grand-père — C'est ton oncle Geoff, le frère de ton père qui habite Exmouth.

— And the woman you see behind is his wife, your aunt Anny.
— Oh yes. She always sends us chocolates for Christmas

Grand-père — Et la femme que tu vois derrière est son épouse, ta tante Anny.
Benny — Ah oui. Elle nous envoie toujours des chocolats pour Noël.

— And the young man whose hair is so long is your father!
— Wow! He looked cool, didn't he?

Grand-père — Et le jeune homme dont les cheveux sont si longs est ton père.
Benny — Waow ! Il avait l'air cool !

❶ **RIGHT OR WRONG?** Réécoute la piste 95 de ton CD et regarde ta BD, puis entoure R si l'affirmation est vraie, W si elle est fausse.

a. The old lady who is standing next to Grandad is Mr Rogers' mother. .... R W

b. Benny thinks that the boy in the photo is his dad. .... R W

c. Benny's uncle usually sends him chocolates for Christmas. .... R W

d. Mr Rogers didn't have long hair when he was younger. .... R W

82

Vocabulaire et expressions
The family : la famille

La famille proche
the father le père   the mother la mère   the daughter la fille   the son le fils
a sister une sœur   a brother un frère   a twin un jumeau / une jumelle
a twin brother un frère jumeau   a twin sister une sœur jumelle
the wife l'épouse   the husband le mari   the grandparents les grands-parents
the grandchildren les petits-enfants   the grandaughter la petite-fille   the grandson le petit-fils
the aunt la tante   the uncle l'oncle   the cousin le/la cousin(e)   the niece la nièce
the nephew le neveu   the godfather le parrain   the godmother la marraine

La belle famille
the in-laws les beaux-parents   the mother-in-law la belle-mère   the father in-law le beau-père
the sister-in-law la belle-sœur   the brother-in-law le beau-frère

Quelques moments de la vie
born né   dead mort   to get married se marier
to marry someone épouser quelqu'un   to live vivre   to die mourir

Quelques expressions
Cynthia is an only child. Cynthia est enfant unique.   How's the family? Comment va la famille ?
They are engaged. Ils sont fiancés.   My parents are divorced. Mes parents sont divorcés.

❷ Regarde l'arbre généalogique de la famille Rogers et complète les phrases.

David Rogers married Jane Ludlow

Alex Rogers married Patricia Smith   Geoff Rogers married Anny Brown

Benny   Julia   Emily

Exemple : Benny is Julia's .... → Benny is Julia's brother.

a. Geoff Rogers is Anny Brown's ....
b. Patricia Smith is Anny Brown's ....
c. Jane Ludlow was Julia's ....
d. Benny is Anny Brown's ....
e. David Rogers is Patricia Smith's ....

Grammaire
Les pronoms relatifs

Les pronoms relatifs sujets : *who, which* et *that*
- **Who** remplace une personne.
- The man who is sitting next to Brian is my brother. L'homme qui est assis à côté de Brian est mon frère.
- **Which** remplace une chose ou un animal.
- Give me the photo which is on that table. Donne-moi la photo qui est sur cette table.
- **That** peut remplacer une personne, une chose ou un animal.
- The girl that lives next door is my niece. La fille qui habite à côté est ma nièce.

Les pronoms relatifs compléments : *who, which* et *that*
On peut **omettre** *who*, *which* ou *that* lorsqu'ils sont **compléments d'objet** du verbe.
The girl who/that Jack married is my cousin. = The girl Jack married is my cousin. La fille que Jack a épousée est ma cousine.
The French paper which/that Cynthia has to write is about Paris. = The French paper Cynthia has to write is about Paris. Le devoir de français que Cynthia doit rédiger est sur Paris.

Whose
Whose se traduit par « dont » en français. Il correspond à la fonction complément du nom. Il est toujours suivi d'un nom sans article.
Do you know the man whose brother-in-law works in the British Museum? Connais-tu l'homme dont le beau-frère travaille au British Museum ?

Where
Where se traduit par « où », « dans lequel », « dans laquelle » en français.
The house where my aunt lives is very big. La maison dans laquelle vit ma tante est très grande.

3 Écoute ton CD piste 98 et coche les phrases qui correspondent au sens de ce que tu as entendu.

a. Mrs Rogers doesn't want to watch television this evening. ☐
b. There's a stupid programme on television tonight. ☐
c. It isn't the programme which the Rogers watched with Patsy's cousins. ☐
d. Mr Rogers hates the show with the girl who is always saying stupid things. ☐
e. Mr Rogers is going to watch tonight's programme. ☐

Exercices d'entraînement

1 **Complète les phrases avec un pronom relatif. Mets-le entre parenthèses si il peut être omis.**
Exemples : Give me the book … is on the desk.
→ Give me the book which is on the desk.
What is the name of the film … we watched yesterday? → What is the name of the film (that) we watched yesterday?

a. This is the man .... son married my niece, Kate.

b. The people .... came yesterday are my in-laws.

c. Are these the keys .... you lost the other day?

d. Thank you very much for your present .... I found in my letter-box this morning.

e. The girl .... brother is in hospital telephoned this morning.

f. The room .... I sleep is next to my parents'.

2 **Traduis les phrases que tu as obtenues à l'exercice 1.**

a. ....
....
b. ....
....
c. ....
....
d. ....
....
e. ....
....
f. ....
....

3 **Réunis les deux phrases en une seule à l'aide d'un pronom relatif. Les mots soulignés sont l'antécédent du pronom relatif.**
Exemple : The woman runs. The woman is my mother. → The woman who runs is my mother.

a. The house is very beautiful. The door is open. ....
....

b. The boys stand up. The boys are my cousins. ....
....

c. The school is very far. I go to school. ....
....

4 **Complète les phrases en choisissant la bonne fin dans la liste et en utilisant un pronom relatif. N'emploie pas *that*.**
Exemple: What is the name of the girl? → What is the name of the girl who learns Italian?
It makes computers.
Her birthday is on August 12th.
She learns Italian.
My uncle lives there.
It was opposite the bank.
I am watching it.

a. Where is the cinema ....
.... ?

b. I don't know the town. ....
....

c. Kate is the girl ....
....

d. Mr Cook works for a company ....
....

e. I don't like the TV programme. ....

85

Lexique anglais-français / français-anglais

Anglais	Français	Français	Anglais
about	à propos de	à propos de	about
above	au-dessus	à travers	through
afternoon	après-midi	acheter	buy (to)
always	toujours	affamé	hungry
angry	en colère	aider	help (to)
anyway	de toutes manières	aimer	like (to)
ask (to)	demander	aimer, adorer	love (to)
aunt	tante	aller	go (to)
awful	horrible	ami	friend
bad	mauvais	anniversaire	birthday
bag	sac	appareil photo	camera
ball	balle	appeler	call (to)
bathroom	salle de bains	apporter	bring (to)
beach	plage	apprendre	learn (to)
beautiful	beau	après-midi	afternoon
bed	lit	attendre	wait (to)
bedroom	chambre	au dessus	over
behind	derrière	au-dessus	above
between	entre	aujourd'hui	today
big	grand, gros	balle	ball
bird	oiseau	beau	beautiful
birthday	anniversaire	beurre	butter
black	noir	bibliothèque	library
blue	bleu	blanc	white
book	livre	bleu	blue
boy	garçon	boîte aux lettres	letter-box
bread	pain	bon, bien	good
breakfast	petit déjeuner	boutique	shop
bring (to)	apporter	brûler	burn (to)
brother	frère	bureau (meuble)	desk
burn (to)	brûler	café	coffee
butter	beurre	calme, silencieux	quiet
buy (to)	acheter	carte	map
call (to)	appeler	casquette	cap
camera	appareil photo	chaise	chair
can	pouvoir	chambre	bedroom
cap	casquette	chapeau	hat
car	voiture	chaud (très)	hot
ceiling	plafond	chaussure	shoe
chair	chaise	chemise	shirt
cheese	fromage	cher	expensive

Anglais	Français
child	enfant
Christmas	Noël
church	église
classroom	salle de classe
coat	manteau
coffee	café
cold	froid
come (to)	venir
company	société (commerciale)
computer	ordinateur
cost (to)	coûter
country	pays, campagne
cross (to)	traverser (une rue)
desk	bureau (meuble)
dining-room	salle à manger
dinner	dîner
do (to)	faire
dog	chien
dress	robe
egg	œuf
evening	soir
expensive	cher
fall (to)	tomber
fast	rapide
father	père
feel (to)	sentir, ressentir
fish	poisson
flower	fleur
foot	pied
friend	ami
game	jeu
garden	jardin
girl	fille
give (to)	donner
glad	content
glass	verre
go (to)	aller
good	bon, bien
green	vert
hair	cheveux
hand	main
happy	heureux
hat	chapeau

Français	Anglais
cheveux	hair
chien	dog
commencer	start (to)
confiture	jam
content	glad
cour de récréation	playground
courir	run (to)
coûter	cost (to)
crème glacée	ice-cream
crier	shout (to)
cuisine	kitchen
de toutes manières	anyway
dehors	outside
déjeuner	lunch
demain	tomorrow
demander	ask (to)
derrière	behind
désolé	sorry
détester	hate (to)
devant, en face de	in front of
dîner	dinner
dire	say (to)
dire, raconter	tell (to)
donner	give (to)
dormir	sleep (to)
eau	water
école	school
écouter	listen (to)
écran	screen
église	church
élève	pupil
en colère	angry
enfant	child
entre	between
équipe	team
escalier	staircase
été	Summer
étudiant	student
faire	do (to)
faire, fabriquer	make (to)
fatigué	tired
femme	woman
fenêtre, vitrine	window

Anglais	Français	Français	Anglais
hate (to)	détester	fille	girl
help (to)	aider	fleur	flower
holiday	vacances	frère	brother
homework	travail de classe	froid	cold
hot	chaud (très)	fromage	cheese
house	maison	garçon	boy
hungry	affamé	gare, station	station
ice-cream	crème glacée	gentil	nice
in front of	devant, en face de	gosse	kid
jam	confiture	grand	large
jumper	pullover	grand, gros	big
kid	gosse	heure	time
kitchen	cuisine	heureux	happy
know (to)	savoir, connaître	hier	yesterday
large	grand	hiver	Winter
late	tard, en retard	homme	man
learn (to)	apprendre	horrible	awful
leave (to)	partir, quitter, laisser	image, photo	picture
letter-box	boîte aux lettres	imperméable	raincoat
library	bibliothèque	inquiéter (s')	worry (to)
like (to)	aimer	jamais	never
listen (to)	écouter	jardin	garden
live (to)	vivre, habiter	jeu	game
living-room	salon	jouer	play (to)
look (to)	regarder	journal	newspaper
love (to)	aimer, adorer	jupe	skirt
lunch	déjeuner	lait	milk
make (to)	faire, fabriquer	laver	wash (to)
man	homme	légume	vegetable
map	carte	lire	read (to)
maybe	peut-être	lit	bed
meet (to)	rencontrer	livre	book
milk	lait	main	hand
mobile (phone)	(téléphone) portable	maintenant	now
morning	matin	maison	house
name	nom	manteau	coat
never	jamais	marcher	walk (to)
new	nouveau	matin	morning
newspaper	journal	mauvais	bad
nice	gentil	mer	sea
night	nuit	merveilleux	wonderful
now	maintenant	mettre	put (to)
often	souvent	nager	swim (to)

Anglais	Français
open (to)	ouvrir
outside	dehors
over	au dessus
picture	image, photo
play (to)	jouer
playground	cour de récréation
pocket	poche
pupil	élève
put (to)	mettre
quiet	calme, silencieux
rain (to)	pleuvoir
raincoat	imperméable
rarely	rarement
read (to)	lire
ready	prêt
really	vraiment
red	rouge
remember (to)	se rappeler
road	route, chaussée
room	pièce
run (to)	courir
sad	triste
say (to)	dire
school	école
screen	écran
sea	mer
see (to)	voir
shirt	chemise
shoe	chaussure
shop	boutique
shout (to)	crier
show	spectacle
sister	sœur
sit (to)	s'asseoir
skirt	jupe
sleep (to)	dormir
small	petit
sometimes	parfois
sorry	désolé
speak (to)	parler
Spring	printemps
staircase	escalier
start (to)	commencer

Français	Anglais
Noël	Christmas
noir	black
nom	name
nouveau	new
nuit	night
observer	watch (to)
œuf	egg
oiseau	bird
oncle	uncle
ordinateur	computer
où	where
ouvrir	open (to)
pain	bread
pantalon	trousers
parfois	sometimes
parler	speak (to)
partir, quitter, laisser	leave (to)
pays, campagne	country
penser	think (to)
père	father
petit déjeuner	breakfast
petit	small
peut-être	maybe
pièce	room
pied	foot
piscine	swimming-pool
plafond	ceiling
plage	beach
pleuvoir	rain (to)
poche	pocket
poisson	fish
pouvoir	can
prendre, emmener	take (to)
prêt	ready
printemps	Spring
professeur	teacher
pullover	jumper
rapide	fast
rarement	rarely
regarder	look (to)
rencontrer	meet (to)
robe	dress
rouge	red

Anglais	Français
station	gare, station
street	rue
student	étudiant
sugar	sucre
Summer	été
sun	soleil
supermarket	supermarché
swim (to)	nager
swimming-pool	piscine
take (to)	prendre, emmener
tea	thé
teacher	professeur
team	équipe
tell (to)	dire, raconter
think (to)	penser
through	à travers
time	heure
tired	fatigué
today	aujourd'hui
tomorrow	demain
town	ville
trousers	pantalon
type (to)	taper sur un clavier
uncle	oncle
under	sous
vegetable	légume
wait (to)	attendre
walk (to)	marcher
want (to)	vouloir
wash (to)	laver
watch (to)	observer
water	eau
where	où
white	blanc
window	fenêtre, vitrine
Winter	hiver
woman	femme
wonderful	merveilleux
work (to)	travailler
worry (to)	s'inquiéter
yesterday	hier

Français	Anglais
route, chaussée	road
rue	street
s'asseoir	sit (to)
sac	bag
salle à manger	dining-room
salle de bains	bathroom
salle de classe	classroom
salon	living-room
savoir , connaître	know (to)
se rappeler	remember (to)
sentir, ressentir	feel (to)
société (commerciale)	company
sœur	sister
soir	evening
soleil	sun
sous	under
souvent	often
spectacle	show
sucre	sugar
supermarché	supermarket
tante	aunt
taper sur un clavier	type (to)
tard, en retard	late
(téléphone) portable	mobile (phone)
thé	tea
tomber	fall (to)
toujours	always
travail de classe	homework
travailler	work (to)
traverser (une rue)	cross (to)
triste	sad
vacances	holiday
venir	come (to)
verre	glass
vert	green
ville	town
vivre, habiter	live (to)
voir	see (to)
voiture	car
vouloir	want (to)
vraiment	really

Verbes irréguliers

Infinitif	Prétérit	Participe passé	Traduction
be	was/were	been	être
become	became	become	devenir
begin	began	begun	commencer
bite	bit	bitten	mordre
break	broke	broken	casser
bring	brought	brought	apporter
build	built	built	construire
burn	burnt	burnt	brûler
buy	bought	bought	acheter
catch	caught	caught	attraper
choose	chose	chosen	choisir
come	came	come	venir
cost	cost	cost	coûter
cut	cut	cut	couper
dig	dug	dug	creuser
do	did	done	faire
draw	drew	drawn	dessiner
dream	dreamt	dreamt	rêver
drink	drank	drunk	boire
drive	drove	driven	conduire
eat	ate	eaten	manger
fall	fell	fallen	tomber
feel	felt	felt	sentir, ressentir
fight	fought	fought	se battre
find	found	found	trouver
fly	flew	flown	voler (en l'air)
forbid	forbade	forbidden	interdire
forget	forgot	forgotten	oublier
get	got	got	obtenir
give	gave	given	donner
go	went	gone	aller
have	had	had	avoir
hear	heard	heard	entendre
hide	hid	hidden	cacher, se cacher
hit	hit	hit	frapper, heurter
hold	held	held	tenir
hurt	hurt	hurt	blesser, faire mal
keep	kept	kept	garder
know	knew	known	savoir
learn	learned/learnt	learned/learnt	apprendre

Infinitif	Prétérit	Participe passé	Traduction
leave	left	left	quitter, laisser
lend	lent	lent	prêter
let	let	let	laisser, permettre
lose	lost	lost	perdre
make	made	made	faire
mean	meant	meant	signifier, vouloir dire
meet	met	met	rencontrer
pay	paid	paid	payer
put	put	put	mettre
read	read	read	lire
ride	rode	ridden	monter à cheval, à vélo
ring	rang	rung	sonner
run	ran	run	courir
say	said	said	dire
see	saw	seen	voir
sell	sold	sold	vendre
send	sent	sent	envoyer
shake	shook	shaken	secouer
shine	shone	shone	briller
show	showed	shown	montrer
shut	shut	shut	fermer
sing	sang	sung	chanter
sit	sat	sat	être assis
sleep	slept	slept	dormir
speak	spoke	spoken	parler
spend	spent	spent	dépenser
stand	stood	stood	être debout
steal	stole	stolen	voler, dérober
stick	stuck	stuck	coller
swim	swam	swum	nager
take	took	taken	prendre
teach	taught	taught	enseigner
tell	told	told	dire, raconter
think	thought	thought	penser
throw	threw	thrown	jeter, lancer
understand	understood	understood	comprendre
wake (up)	woke (up)	woken (up)	(se) réveiller
wear	wore	worn	porter (un vêtement)
win	won	won	gagner
write	wrote	written	écrire

Corrigés

1 Who are you?

1 a. Mr Rogers – **b.** Gyp – **c.** Benny – **d.** Grandad – **e.** Mrs Rogers – **f.** Julia.

2 Hello, Tracy! Look, this is our **house**. [...] he's my **brother**. Look, they're my **parents**: Sandy and Patsy. Sandy is my **father** and Patsy is my **mother**.

3 a. Sandy – **b.** Gyp – **c.** Julia – **d.** Julia – **e.** Grandad.

4 a. He is. b. They are. c. She is. d. It is.

Exercices d'entraînement

1 a. This is my sister Julia. **b.** Hello! What's your name? **c.** Who are your parents? **d.** Julia and Benny are not at school. **e.** That's Gyp, my dog.

2 a. [...] **my** name's Julia. **b.** — Hey, You! This is **my** book! — Oops, sorry! Here is **your** book. **c. Our** grandfather [...]. **d.** [...] and that's **his** car. **e.** [...] Is this **her** book?

3 a. Gyp is **their** dog. **b.** Is this **their** garden? **c. They're** at the cinema. **d.** Look! **They're** my parents. **e. Their** car is in the garage.

4 a. Hello, I'm Benny! What**'s** your name? **b.** Cynthia! Where **are** your parents? They **are ('re)** at the cinema. **c. Is** your car in the garage, Dad? **d.** Grandad! **Are** Mummy and Daddy in the living-room? No, they **are not (aren't)** in the house. They **are** in the garden.

5 a. Are the children in the garden? **b.** Patsy! Are Julia and Benny at the cinema? **c.** Gyp isn't in the garden. **d.** Grandad! Are you in the house? **e.** Mr and Mrs Rogers aren't in the garden. They're in their house.

2 There's a cat on the roof!

1 Right: b. d. e. Wrong: a. c.

2 a. My house is big. **b.** There are three bedrooms on the first floor. **c.** Is there a television in your bedroom? **d.** There's a dog in our garden.

3 a. There are four **chairs** in the **dining-room**. **b.** Is there **a big kitchen** in your house? **c.** Mummy's in **the staircase**. **d.** There's a **beautiful** dog in the **garden**. **e. The cat** isn't on **the roof**; it's in **the attic**.

4 a. a good film. **b. ø** flowers. **c. an** attic. **e. a** good dog.

5 a. There is a car in the garage. **b. There is** a computer on the desk. **c. There are** flowers in my garden. **d. There are** two beds in your room.

Exercices d'entraînement

1 garden, chair, television, study.

2 a cellar – **a** door – **a** dining-room – **a** hall (h aspiré) – **a** chair – **a** study – **a** television – **a** computer – **a** garden – **an** attic.

3 a. the living-room. **b. the** attic. **c. a** staircase. **d. ø** flowers. **e. an** elephant.

4 a. There **are ø** flower**s** in the vase. **b.** The cat**s are** in the garden. **c. Are** there **ø** girl**s** in your school? **d.** The computer**s aren't** in the living-room.

5 a. There are two cats. **b.** There is a girl. **c.** There is not (isn't) a cellar. **d.** Are there three bedrooms.

6 a. Is **there** a dog in the garden? **b.** Look! This is Mr and Mrs Rogers, and this is **their** car. **c.** Where are Julia and Benny? – **They're** at school. **d. There** isn't a tennis match on television now. **e.** This is Julia, and that's Benny. **They're** brother and sister.

7 Exemples de phrases possibles.
a. There are **two chairs** in the kitchen.
b. There**'s a computer in the** study.
c. There's a small television in my bedroom. **d. There are beautiful flowers in the living-room.**

3 Julia's hamster

1 Right: b. d. Wrong: a. c.

2 a. They're Cynthia's **birds**. **b.** It's the children's **horse**. **c.** It's Benny's **goldfish**. **d.** They're Jane's **rabbits**.

3 a. Ce sont les oiseaux de Cynthia. **b.** C'est le cheval des enfants. **c.** C'est le poisson rouge de Benny. **d.** Ce sont les lapins de Jane.

4 an eye – an ear – the tail – the mouth – a paw

5 a. What **have** you got in your bag? **b.** Benny **has** got a computer in his room. **c. Have** Julia and Benny got a bike? **d.** Grandad **has** not (hasn't) got a car.

6 a. My mother's car. **b.** Jack's horse. **c.** The girls' birds. **d.** The Browns' house.

Exercices d'entraînement

1 a. Julia **hasn't got** a car. **b.** Her parents **have got** horses. **c.** We **have got** a nice dog. **d.** Delta **hasn't got** a long tail. **e. Have** you **got** a cat? **f. I haven't got** a parrot.

2 a. What have the Rogers got? **b.** What has Cynthia got? **c.** Who's got a sister and a brother? **d.** What have they got in London?

3 a. She **has** got. **b.** Mrs Brown **is**. **c.** My house **has** got. **d.** Delta **is**.

4 a. It's **Julia's** dog. **b.** They're **Cynthia's cats**. **c.** It's **our parents' parrot**. **d.** They're **my friends' birds**. **e. Impossible** : *house* n'est pas un être humain.

5 a. Julia! **Whose** pullover is this? Sorry, mum, it's my pullover. **b. Who's** on the telephone? It's Julia; she's talking with Cynthia. **c. Who's** in the garden? The children and Gyp are in the garden. **d. Whose** birds are they? They're Benny's birds.

6 a. It's Julia's hamster. **b.** Her name's Delta. **c.** She's got blue eyes. **d.** She's got a short tail. **e.** He's got a new friend.

4 Benny doesn't like history

1 Right: b. Wrong: a. c. d.

2 a. French. **b.** Spanish. **c.** Maths. **d.** Geography. **e.** Chemistry. **f.** Sports.

3 a. Julia enjoys **German** lessons. **b.** The **headmistress** likes good **pupils**. **c.** Benny doesn't **like** history. **d.** The **children** play in the **playground**.

4 a. Grandad likes football. **b.** Mr and Mrs Brown do not (don't) live in London. **c.** Do you like your new school? **d.** Cynthia enjoys her maths lessons. **e.** Do Mr and Mrs Rogers play tennis?

Exercices d'entraînement

1 a. I go to school in Canterbury. **b.** I play with my friends in the playground. **c.** Julia doesn't like to play with boys. **d.** Cynthia enjoys chemistry lessons. **e.** I like my French teacher.

2 a. classroom [...] **playground**. **b. teacher**. **c. homework**. **d. write**. **e. French**.

3 a. We **listen** to the teacher. **b.** Does Julia **chatter** with Cynthia? **c.** He **does** his homework in his room. **d.** Julia and Cynthia **read** poems to their French teacher. **e.** You **go** to school by bus. **f. Does** Benny **play** football with his friends?

Corrigés

4 a. Benny **doesn't enjoy** the gym lessons. **b.** You **know** Julia's history teacher. **c.** Benny **doesn't like** his classroom. **d. Do** the Rogers **live** in London? **a.** Julia **chatters** in class.

5 a. Benny doesn't know his history lesson. **b.** I do my homework in my room. **c. Do** you **know** Julia's girlfriend? **d.** I don't like German; I prefer Spanish. **e. Does** the headmaster **like** good pupils?

5 Can girls play tennis?

1 Right: a. d. Wrong: b. c.

2 a. play tennis. b. ride. c. ski. d. run. e. play table-tennis.

3 a. 5. **b.** 3. **c.** 1. **d.** 2. **e.** 4.

4 a. Julia **can** play tennis. **b.** My grandmother **can't** swim. **c.** His parents **can** ride a bicycle. **d. Can** you ski?

Exercices d'entraînement

1 a. Julia can't play badminton today. **b.** Don't go to the swimming-pool now. **c.** Can I ride Tom's horse? **d.** Let's go to the match. **e.** Julia can't train at the gym today.

2 a. 2. **b.** 1. **c.** 2.

3 a. let's watch it. **b. Take. c. Don't ride** that horse. **d.** Ok, **let's go** now.

4 a. Benny and Julia **can** play table-tennis very well. **b.** We **aren't** very good at badminton. **Let's practise** today! **c.** I love **athletics**, but I **can't run** very fast. **d.** The **coach** is on the **pitch** with the children. **e.** Mr Rogers and Grandad are in the **stadium**. They **can** watch a good match today.

5 a. 2. **b.** 3. **c.** 1.

6 The girl with big blue eyes

1 Right: c. d. Wrong: a. b.

2 a. the mouth (la bouche). **b.** a knee (un genou). **c.** a hand (une main). **d.** an arm (un bras). **e.** a thumb (un pouce). **f.** a shoulder (une épaule). **g.** a foot (un pied). **h.** an eye (un œil). **i.** a finger (un doigt). **j.** an ear (une oreille). **k.** a leg (une jambe).

3 a. The Rogers have got **a large house. b.** Samantha's **got fair hair. c.** I've got **dark eyes**.

4 a. Julia and Benny's dog **is nice. b.** Is your **sweater American? c.** The Rogers' car **is new**.

5 a. blue. b. bad. c. clean. d. curly. e. stupid.
Adjectifs épithètes : blue, bad, stupid.
Adjectifs attributs : clean, curly.

Exercices d'entraînement

1 Hello! My name's Terence. I'm 12. I'm **tall** and **thin**. I've got **short dark** hair and my eyes are **brown**. We've got a **big** house in Bromley; I've got two **beautiful** cats and a **big** dog. They're very **happy** because they can run in our **large** garden.

2 Salut ! Je m'appelle Terence. J'ai 12 ans. Je suis grand et mince. J'ai des cheveux bruns et courts et les yeux marron. Nous avons une grande maison à Bromley ; j'ai deux beaux chats et un gros chien. Ils sont très heureux parce qu'ils peuvent courir dans notre grand jardin.

3 a. Julia has got a scarf on her shoulders. **b.** Does Benny wear a cap at school? **c.** My math teacher has got long fair hair. **d.** Put on your raincoat. **e.** Grandad doesn't wear a hat in his room.

4 a. too long. **b. rather** good. **c. very** expensive. **d. a little** curly.

5 a. Grandad's got **white hair**. **b.** Benny 's got a **green sweater**. **c.** Have the children got **clean hands**? **d.** The Rogers have got a **beautiful garden**.

7 Is there any fish?

1 Right: c. d. e. Wrong: a. b.

2 a. jam. b. tea. c. coffee. d. milk. e. butter.

3 a. 4. **b.** 2. **c.** 5. **d.** 3. **e.** 1.

4 a. There are **some children** in the garden. **b.** Julia hasn't got **any sweets in her** bag. / Julia has **no sweets in her** bag. **c.** Is there **any ketchup in the** fridge?

Exercices d'entraînement

1 a. orange juice. b. ice-cream. c. breakfast. d. there aren't. e. for you.

2 a. We can't have cornflakes for breakfast. There's **no** milk. **b.** Please, Mum! Can I take **some** chocolate from the fridge? **c.** Benny, Julia! You can go to bed now! There aren't **any** programs for children on TV. **d.** I'm going now, children; there's **some** fish in the fridge for lunch. **e.** Are there **any** good films in London at the moment?

3 a. nothing. b. anywhere. c. someone. d. Nothing.

4 a. There isn't any ketchup. / There's no ketchup. **b.** There aren't any eggs. / There are no eggs. **c.** There isn't any bread. / There's no bread. **d.** There isn't any cheese. / There's no cheese.

5 a. [...] give it to **her**, please. **b.** There are some nice oranges for **them**. **c.** Can I have some tea for **him**? **d.** Is there any ice-cream for **us**? **e.** Do you like **it**?

6 a. This shop hasn't got any good tea. **b.** Can you give me some chocolate? **c.** I can see someone at the door. **d.** We aren't doing anything for the weekend.

8 Benny never works on Sundays

1 Right: b. c. Wrong: a. d.

2 a. Tuesday. b. Friday. c. Monday. d. Thursday. e. Wednesday.

3 a. December. b. August. c. October. d. May. e. January.

4 a. Quarter past eleven. **b.** Ten to eight- **c.** Six o'clock. **d.** Half pas ten. **e.** Quarter to ten.

5 a. Grandad **never** plays football. **b.** I **always** go to school on Mondays. **c.** Julia and Benny are **usually** on time at school.

Exercices d'entraînement

1 a. 8:15. Quarter past eight. **b.** 2:40. Twenty to three. **c.** 11:00. Eleven o'clock. **d.** 11:50. Ten to twelve.

2 a. has. b. play. c. watches. d. does. e. washes. f. work.

3 a. Julia is never late for school. **b.** The Rogers always go on holiday in August. **c.** Benny rarely helps his father in the garden. **d.** We sometimes watch television on Saturdays. **e.** Benny is regularly late for school on Mondays.

4 a. 2. **b.** 3. **c.** 3.

9 Dad's cooking!

1 Right: a. Wrong: b. c.

2 a. Sorry, I'm late. **b.** Good morning, Mum. **c.** Have a nice weekend. **d.** Great! / Wonderful! / How nice!

3 a. Julia – Hi, Cynthia! How **are** you **doing** today? **b.** Cynthia – I'm very well, thank you, and you? Julia – I'm OK, thanks. Where **are** you **going**?

Corrigés

c. Cynthia — To the supermarket; Mummy's ill; she's **staying** in bed today, so I'**m doing** the shopping for her. **d.** Julia — Oh, I'm sorry! **Is** the doctor **coming** to see her? **e.** Cynthia — No, don't worry; my brother'**s looking** after her; he **is** not **going** to school today.

❹ **a.** We are running. **b.** I'm not cooking. **c.** Are they coming? **d.** She's working.

Exercices d'entraînement

❶ Action en cours : **a. d. e.**
Action planifiée : **b. c.**

❷ **a.** Benny is not going to school today. **b.** Is the computer working? **c.** The pupils are not listening to the teacher. **d.** I'm brushing my teeth in the bathroom. **e.** See you tomorrow! **f.** Where are you going this week-end?

❸ **a.** I beg your pardon, what **are they watching**? **b.** Sorry, when **are you going shopping**? **c.** Sorry! Where **are you going**? **d.** I beg your pardon, what time **is the train leaving**?

❹ Phrases à cocher : **a. d.**

❺ Julia — Salut Benny, je vais au cinéma.
Benny — Oh, super Julia, je viens avec toi.
Julia — Mais Benny, et ta leçon de français ?
Benny — Pas de problème ; ça ne me prendra pas beaucoup de temps. Il y a un bon film ?
Julia — Oui, de science fiction.
Benny — Oh, non, pas encore ! Je suis désolé, Julia, une autre fois peut-être.
Julia — Très bien, moi, j'y vais. À bientôt !

10 You must ride carefully

❶ Right: **a. c.** Wrong: **b. d.**

❷ **a.** dancing. **b.** taking photos. **c.** reading. **d.** going to the cinema. **e.** playing music. **f.** painting. **g.** sightseeing

❸ **a.** Where can I buy a travel guide? **b.** My mother's hobby is listening music. **c.** You don't often go to the theatre.

❹ **a.** Mr Rogers must **phone** the garage. **b.** Gyp **mustn't run** in the garden. **c.** The children **must be** quiet.

❺ **a.** his. **b.** hers. **c.** his. **d.** ours. **e.** yours.

Exercices d'entraînement

❶ **a.** I must take my camera. **b.** I must put the travel guide in my bag. **c.** I mustn't be late for my train. **d.** I must leave my address on the table. **e.** Where are my sunglasses?

❷ **a.** They mustn't eat or drink. **b.** They mustn't smoke. **c.** They must respect the books. **d.** They must return the books on time.

❸ **a.** hers. **b.** his. **c.** mine. **d.** yours. **e.** Mine.

❹ **a.** 2. **b.** 3. **c.** 2. **d.** 1.

11 Those were the days!

❶ Right: **a. b. d.** Wrong: **c.**

❷ **a.** actor. **b.** the news. **c.** cartoon. **d.** turn the sound up. **e.** commercials.

❸ **a.** Have you got a television set in your bedroom? **b.** I can't find the remote control. **c.** The news is often sad. **d.** What time is the weather-forecast?

❹ **a.** was. **b.** was. **c.** Were. **d.** was — wasn't. **e.** were — weren't.

❺ **a.** Were you at the match yesterday? **b.** They were late for school on Friday. **c.** Where's the remote, Benny? **d.** Do you know where the program is?

Exercices d'entraînement

❶ **a.** Were. **b.** was. **c.** were. **d.** Was. **e.** wasn't.

❷ **a.** The film was (in) black and white. **b.** Katharine Hepburn was a great actress. **c.** The remote wasn't on Dad's desk. **d.** Was the documentary interesting? **e.** (At) What time was the news?

❸ **a.** Grandad thinks the match was very exciting. **b.** Was Tom Cruise on television, yesterday? **c.** The news wasn't very good. **d.** The Rogers weren't at home, last Sunday.

❹ **a.** 2 **b.** 3 **c.** 4 **d.** 1.

❺ Les phrases qui correspondent sont les phrases **a.** et **b.**

12 I went there last week!

❶ Right: **b. c. d.** Wrong: **a.**

❷ **a.** Go straight **on**, **over** the bridge, turn **right** and the station is on the **right**. **b.** Turn right at the **roundabout**, take the first on the **right** and the hospital is on **right**. **c.** Turn **right** at the **roundabout**, go **straight** on, and the church is on the **left**.

❸ Dear Julia,
Three weeks ago, I **visited** New York city with my parents. It **was** fantastic. We **walked** in Manhattan a long time and we **were** very tired when we **arrived** at our hotel. My mother **wanted** to do some shopping in 5th Avenue, but Dad **thought** it **was** too expensive, so we **did not buy** anything there. The traffic in New York is frightening and we always **looked** carefully before we **crossed** the streets. We **enjoyed** our trip very much, but Mum says she's happy to live in the country! And you, what **did you do** for your holidays?

❹ **a.** walked. **b.** thanked. **c.** washed. **d.** know.

Exercices d'entraînement

❶ **a.** ❓ Did Mary and Cynthia wait at the bus stop a long time this afternoon? ➖ Mary and Cynthia didn't wait at the bus stop a long time this afternoon. **b.** ❓ Did Mr Roger live in a suburb of London in 1952? ➖ Mr Roger didn't live in a suburb of London in 1952. **c.** ❓ Did Grandad walk in the park for two hours this morning? ➖ Grandad didn't walk in the park for two hours this morning. **d.** ❓ Did Benny go to the movies yesterday evening? ➖ Benny didn't go to the movies yesterday evening.

❷

	Base verbale	Prétérit
a.	buy	**bought**
b.	want	**wanted**
c.	**give**	gave
d.	read	**read**
e.	**write**	wrote
f.	go	**went**
g.	have	**had**
h.	eat	**ate**

❸ **a.** He **left** two minutes **ago**. **b.** No, I **phoned** her three hours **ago**. **c.** Sorry Julia, but you **had** one five minutes **ago**. **d.** I **saw** it a moment **ago**. **e.** But they **went** to bed a long time **ago**!

❹ Les phrases qui correspondent sont les phrases **b.** et **f.**

13 Go and play outside!

❶ Right: **a. c.** Wrong: **b. d.**

❷ **a.** Remember to switch off the computer. **b.** Are there many files on your hard-disk? **c.** I often surf on the web. **d.** You mustn't illegally download music from the internet. **e.** Did you click on that link?

❸ I love to **surf** on the **web** to meet new friends. Yesterday, I received an **email** [...] on my **computer screen**!

❹ **a.** into. **b.** between. **c.** through. **d.** up. **e.** under.

Corrigés

5 a. 3. **b.** 1. **c.** 5. **d.** 4. **e.** 2.

Exercices d'entraînement

1 a. the screen. **b.** the keyboard. **c.** the mouse. **d.** the printer. **e.** a CD. **f.** a USB key.

2 La phrase correspondant au dessin est la phrase 4.

3 a. I'm going up to my room to play with my computer. **b.** Don't stay in front of us. **c.** Gyp is running out of the house. **d.** He's sitting down between his father and his mother. **e.** They come from France.

4 a. on. **b.** under. **c.** behind. **d.** between. **e.** in.

5 a. 3. **b.** 5. **c.** 2. **d.** 4. **e.** 1.

6 1. Il est assis à côté de Charlie. 2. Elle habite Paris. 3. Elle est en bas de la rue, entre le supermarché et l'école. 4. Elle est en haut, à gauche. 5. Je vais à l'école.

14 On the tube

1 Right: c. d. Wrong: a. b.

2 a. Take the Nothern line straight to Old Street station. **b.** Take the Hammersmith and City line, change at Mile End, and take the Central line to St Paul's.

3 a. Let's look **on the map**. **b.** How much is the **fare** to Bermondsey station? **c.** [...] **mind the gap** when you get on the train! **d.** Excuse me; is there a **tube station** near the museum? **e.** Remember to **change** at Tottenham Court Road.

4 a. I'll have lunch with my mother. I'm going to have lunch with my mother. I'm having lunch with my mother. **b.** We'll leave early. We're going to leave early. We're leaving early. **c.** They'll travel by train. They're going to travel by train. They're traveling by train.

Exercices d'entraînement

1 a. Hurry up! The **train** is coming. **b.** I don't know where we must **change**. Let's ask the **guard**. **c.** How much is the **fare**? **d.** How can I **get** to Waterloo **station**? **e.** Let's **take** a seat!

2 a. D. **b.** A. **c.** B. **d.** C. **e.** B

3 a. I'll take the tube. **b.** I'm getting off at the next station. **c.** Are you going to come at the tennis lesson next week? **d.** My bus will be one hour late. **e.** My father will be furious.

4

5 Les phrases qui correspondent sont les phrases **b.**, **c.** et **d.**

15 How much can you give?

1 Right: a. b. Wrong: c. d.

2 a. 3. **b.** 2. **c.** 5. **d.** 1. **e.** 4.

3 a. 42 : forty-two. **b.** 800 : eight hundred. **c.** 19 : nineteen. **d.** 53 : fifty-three. **e.** 12 : twelve.

4 a. How much. **b.** How many. **c.** How much. **d.** How many. **e.** How much. **f.** How much.

5 a. How many students were there? **b.** How many sisters have you got? **c.** How much do/did they cost? **d.** How much is it? **e.** How many roses did Julia buy for Mother's Day?

Exercices d'entraînement

1 a. 8 : eight. **b.** 20 : twenty. **c.** 14 : fourteen. **d.** 18 : eighteen. **e.** 97 : ninety-seven. **f.** 31 : thirty-one.

2 a. How much is this dress? **b.** How much are these shoes? **c.** How much is this tennis-racket? **d.** How much is this T-Shirt? **e.** How much are these trousers?

3 a. 1 (twenty pounds). **b.** 2 (fifty five pence). **c.** 3 (five pounds and six pence).

4 a. change : I. monnaie. **b.** skirt : D. jupe. **c.** pound : D. livre (la monnaie). **d.** bread : I. pain. **e.** book : D. livre (à lire). **f.** water : I. eau.

5 a. One pound, fifty pence. **b.** Forty pence. **c.** Five pounds, seventy-five pence. **d.** Thirty-seven pounds, fifty pence.

6 Les phrases correspondant au dialogue sont les phrases **b.**, **d.**, **f.**

16 It's warmer in Italy!

1 Right: a. c. Wrong: b. d.

2 a. 1. **b.** 2. **c.** 1.

3 a. John climbed that mountain, yesterday. **b.** Where did you put your swimming costume? **c.** We pitched our tent in the French Alps. **d.** Don't forget your swimming trunks!

4 a. A **rock** is **less comfortable** than a **deckchair**. **b.** A **speedboat** is **faster** than a **sailing boat**.

Exercices d'entraînement

1 a. Julia's swimming costume is **cheaper than** Cynthia's. **b.** Yesterday, the weather was **worse than** today. **c.** It is **more sunny** in Spain **than** in England. **d.** My sandcastle is **bigger than** yours. **e.** Hotels in Greece are usually **less expensive than** in England.

2 a. Le maillot de bain de Julia est moins cher (meilleur marché) que celui de Cynthia. **b.** Hier, le temps était pire qu'aujourd'hui. **c.** Il y a plus de soleil en Espagne qu'en Angleterre. **d.** Mon château de sable est plus gros que le tien. **e.** Les hôtels en Grèce sont habituellement moins chers qu'en Angleterre.

3 a. My ice-cream is **better than** yours. **b.** Camping is certainly **less expensive than** a hotel. **c.** Benny doesn't swim **as well as** his sister. **d.** The weather was **more cloudy** yesterday **than** today. **e.** The waves were **higher** in Spain **than** in France.

4 a. It's **the cheapest restaurant** in Brighton. **b.** He's **the nicest dog** I know. **c.** They are **the best football players** in their team. **d.** It was **the worst experience** in my life. **e.** It's **the most dangerous road** in the town.

5 Benny and Julia are looking at a lifeguard at the swimming-pool. Julia thinks he is new because he is taller and has shorter hair. Benny wants to talk to him. Julia thinks it's a good idea.

17 What happened, Dad?

1 Right: b. c. d. Wrong: a.

2 a. B. **b.** A. **c.** D. **d.** C.

3 a. I was driving to Manchester when the police stopped me. **b.** Always call 999 for help. **c.** What were you doing when I phoned? **d.** When did the fire alarm start? **e.** What were you doing when the accident happened?

4 a. Grandad **was crossing**. **b.** Mr Rogers **was sleeping**. **c.** [...] when Grandad **was working** in the garden.

5 a. Where did Tommy have a car accident? **b. Why did you call** the paramedics? **c. What was Grandad doing** on the day of the accident? **d. Who took** the wounded boy to the ambulance?

Corrigés

Exercices d'entraînement

1 a. Benny **was having** a geography paper at school. **b.** Cynthia and Julia **were playing** in the attic. **c.** I **was listening** to a concert on the radio.

2 a. Cynthia **took** a picture of Julia when she **was making** a cake in the kitchen. **b.** What **were you doing** when the fire brigade **arrived**? **c.** Mr Rogers and his wife **were playing** tennis when the accident **happened**. **d.** Grandad **heard** the police siren when he **was reading** in bed. **e. Were you doing** your homework when I **called**?

3 a. Cynthia a pris une photo de Julia quand elle faisait un gâteau dans la cuisine. **b.** Que faisais-tu quand les pompiers sont arrivés ? **c.** Mr Rogers et sa femme jouaient au tennis quand l'accident est survenu. **d.** Grand-Père a entendu la sirène de la police quand il lisait au lit. **e.** Étais-tu en train de faire tes devoirs quand j'ai appelé ?

4 a. Where was Benny going […] **b.** […] **what** made you think that stupid thing? **c. When** do you usually go […] **d. Who** opened the door for you […] **e. Why** did you call an ambulance?

5 a. b. e.

18 Happy birthday, Mum!

1 Right: a. d. **Wrong:** b. c.

2 a. men's fashion department. **b.** Kitchen items department. **c.** houseswares department. **d.** women's fashion department. **e.** electrical appliances department.

3 a. Why don't you buy a more stylish jumper? **b.** Let's ask the assistant. **c.** Shall we take the lift to the toy department? **d.** The stationary department is in the basement. **e.** Can I pay by credit card?

4 Conseil : b. d. **Suggestion :** a. c. e.

5 a. Cynthia! Why don't you choose a nice pair of jeans? / You could choose… **b.** They should look at that special offer. **c.** Why don't we pay by credit card? / Why not pay… **d.** He could change that shirt. **e.** Shall we buy it?

Exercices d'entraînement

1 a. I need a new skirt. **Why** not go to Marks and Spencer's now? **b.** Your gloves are very old. Why **don't** you choose some new ones? **c.** It's very hot in this room; **shall** I open the window? **d.** Dave can't walk very well; he **ought** to see a doctor. **e.** I like this jumper; **let's** buy it!

2 b. d. e.

3 a. Shall we look at the perfumes? **b.** Why don't they pay by cheque? **c.** Let's change that toy? **d.** Why not try that skirt on? / You could try that skirt on.

4 a. I should buy / ought to buy a new pair of jeans. **b.** Mr Rogers should phone / ought to phone the police. **c.** Why don't you ask Dad? / Why not ask Dad? **d.** Let's take a taxi / Shall we take a taxi? / Why don't we take a taxi? / Why not take a taxi? **e.** Why don't we call the doctor? / Why not call the doctor?

19 Photos are not allowed!

1 Right: a. d. **Wrong:** b. c.

2 a. We've got to be at the museum before three o'clock. **b.** This painting is a wonderful masterpiece. **c.** You aren't allowed to shout in the gallery. **d.** Turner was a very talented painter. **e.** Do we have to leave our coats in the cloakroom?

3 a. 4. **b.** 1. **c.** 2. **d.** 3.

4 a. 1. **b.** 2. **c.** 2. **d.** 3.

Exercices d'entraînement

1 a. but dogs **are not allowed**. **b.** we **had to** ask someone at the information desk. **c.** we **won't have** to leave before 9 tomorrow. **d.** Smoking **is not allowed**. **e.** She won't **be able**.

2 a. Je regrette, mademoiselle, mais les chiens ne sont pas autorisés dans le musée. **b.** Nous ne savions pas où était la galerie des impressionnistes ; nous avons dû demander à l'accueil. **c.** Ne t'inquiète pas ; nous ne serons pas obligés de partir avant neuf heures demain. L'exposition ouvre à dix heures. **d.** Désolé ! Il n'est pas permis de fumer dans le musée. **e.** Elle ne pourra pas arriver à l'heure.

3 a. Mr Rogers **doesn't have to go to work** on Sundays. **b.** Grandfather **has got to stay** in bed. **c.** Mrs Rogers **is not allowed to park** here.

4 a. Benny **is not allowed to** leave. **b.** Benny and Julia **don't have to** go shopping. **c.** Julia **is allowed to** go. **d.** Mr Rogers **didn't have to** buy. **e.** Julia and Benny **won't have to** pay.

20 Daddy looked cool!

1 Right: a. **Wrong:** b. c. d.

2 a. husband. **b.** sister-in-law. **c.** grandmother. **d.** nephew. **e.** father-in-law.

3 c. d. e.

Exercices d'entraînement

1 a. This is the man **whose** son. **b.** The people **who** / **that** came. **c.** the keys (**which**) / (**that**) you lost. **d.** your present (**which**) / (**that**) I found. **e.** The girl **whose** brother. **f.** The room **where** I sleep.

2 a. C'est l'homme dont le fils a épousé ma nièce, Kate. **b.** Les gens qui sont venus hier sont mes beaux-parents. **c.** Est-ce que ce sont les clés que tu as perdues l'autre jour ? **d.** Merci beaucoup pour votre cadeau que j'ai trouvé dans ma boîte aux lettres ce matin. **e.** La fille dont le frère est à l'hôpital a téléphoné ce matin. **f.** La chambre dans laquelle je dors est près de celle de mes parents.

3 a. The house **whose** door is opened is very beautiful. **b.** The boys **who** stand up are my cousins. **c.** The school **where** I go is very far.

4 a. Where is the cinema which was opposite the bank? **b.** I don't know the town where my uncle lives. **c.** Kate is the girl whose birthday is on August 12th. **d.** Mr Cook works for a company which makes computers. **e.** I don't like the TV programme which I am watching.

Achevé d'imprimer en Espagne par Dédalo Offset, S. L.
Dépôt légal : Juin 2011 - Edition : 01
16/0257/2